_____ 님의 소중한 미래를 위해

이 책을 드립니다.

하루 10분,
엄마의 돈 공부

하루 10분, 엄마의 돈 공부

돈 공부가 처음인 엄마들을 위한 책

김혜원 지음

메이트북스

메이트북스 우리는 책이 독자를 위한 것임을 잊지 않는다.
우리는 독자의 꿈을 사랑하고,
그 꿈이 실현될 수 있는 도구를 세상에 내놓는다.

하루 10분, 엄마의 돈 공부

초판 1쇄 발행 2019년 12월 10일 ┃ **지은이** 김혜원
펴낸곳 ㈜원앤원콘텐츠그룹 ┃ **펴낸이** 강현규 · 정영훈
등록번호 제301-2006-001호 ┃ **등록일자** 2013년 5월 24일
주소 04778 서울시 성동구 뚝섬로1길 25 서울숲 한라에코밸리 303호 ┃ **전화** (02)2234-7117
팩스 (02)2234-1086 ┃ **홈페이지** www.matebooks.co.kr ┃ **이메일** khg0109@hanmail.net
값 15,000원 ┃ **ISBN** 979-11-6002-263-6 03320

이 도서의 국립중앙도서관 출판시도서목록(CIP)은 e-CIP홈페이지(http://www.nl.go.kr/ecip)에서
이용하실 수 있습니다.(CIP제어번호 : CIP2019046607)

사람의 일생은 돈과 시간을 쓰는 방법에 의하여 결정된다.
이 2가지 사용법을 잘못해서는 결코 성공할 수 없다.

· **다케우치 히토시**(도쿄대학 명예교수. 과학자) ·

하루 10분의 돈 공부 습관이
10억이 되어 돌아왔다

의미 있는 삶을 살고 싶다는 바람

돈과 삶, 이 둘을 잘 지켜내는 진짜 어른으로 살고 싶었다. 사랑하는 사람들의 마음속에 오래 남겨지고 싶은 바람은 의미 있는 삶을 살다 죽고 싶다는 꿈으로 연결되었고, 여전히 유효한 그 꿈을 마음에 품고 살아보고 있다. 나 자신은 물론 다른 사람에게 유의미한 사람으로 살다 죽는 것, 이것만큼 중요한 삶의 가치도 없을 테니까.

그런데 여기서 내가 말한 '의미'를 지키려면, 또 그 의미가 퇴색되지 않으려면 '돈'이 필요하다. 그렇다. 돈은 최소한의 생존을 위해 필요하다. 그리고 그 돈의 크기에 따라 내가 얻을 수 있는 기회와 경험이 더 크고 넓어질 수 있다.

이게 자본주의의 현실이고 진실이라는 것을 나는 일찌감치 깨달았는지도 모른다. 그래서 철저히 인정했던 것 같다. 나는 돈을 좋아하는 사람이라고, 꿈을 지켜나가려면 돈이 필요하다고. 그래야 되도록 원하는 방향으로 내 삶을 내 기준에 맞춰 잘 지켜나갈 수 있을 것 같았다.

언젠가는 나도 일정 수준의 부를 갖추고 계속 성장하는 나만의 부를 만들어내겠다고 굳게 다짐하며 살았다. 그러다보니 어느새 이 지점에 도달해 있었다. 책 한 권 정도 분량으로 돈 이야기를 가감 없이 펼칠 수 있는 지금과 같은 삶 말이다.

누군가 어떻게 여기까지 올 수 있었는지 묻는다면 자신 있게 이야기할 수 있을 것 같다. 꾸준함을 일상 속에서 악착같이 지켜내려는 열린 마음과 태도, 무엇보다 열망을 향해 실천을 거듭했던 하루 10분의 돈 공부 습관 덕분이라고. 그렇게『하루 10분, 엄마의 돈 공부』는 탄생할 수 있었다고 말이다.

돈, 고마운 숫자 친구

삶이라는 여행길에서 나는 '돈'을 고마운 숫자 도구로 보았다. 내가 진정으로 살아가고 싶은 유의미한 삶을 좀더 잘 만들어나갈 수 있게 도와주는 고마운 동반자가 바로 돈이라고 보았다. 그래서 돈을 숫자 친구처럼 대하려고 했다. 돈도 유기체처럼 사람 대하듯 소중하게 대하려고 했다.

그런 생각이 앞서다보니 남의 돈을 쓰는 것도 왠지 미안해졌다. 내 돈을 쓰는 것처럼 남의 돈도 소중히 대할 줄 아는 사람이 '진짜 선한 부자'라고 생각했다. 그리고 그 생각은 조금씩 선명해졌다. 결국 돈과 사람을 대하는 '태도'가 '스킬'보다 더 중요하다는 것을, 그리고 태도와 습관으로 만들어진 하루 10분의 꾸준함이 결국 원하는 변화를 만들어낸다는 것을 말이다. 나는 어쩌면 여전히 변치 않는 이 마법 같은 비법을 믿는지도 모른다. 태도가 전부라는 본질 말이다.

진정으로 부자가 되고 싶다면 화려한 재테크 기술이나 기교, 발 빠른 정보보다(물론 그런 것들이 중요하지 않은 것은 아니다. 반드시 필요하다) 나만의 부자 기준과 내가 가질 수 있는 부자 그릇을 먼저 알아야 한다. 이를 자각한 다음에는 습관을 형성하는 것이 중요하다. 공부 습관, 실천 습관 없이는 변화를 만들어낼 수 없다.

그리고 스스로 반드시 깨우쳐야 한다. 그런 의지가 결국 주어진 시간 안에 되도록 공들이고 정성스러운 태도로 이어진다. 또 돈을 직접 다루고 만지고 굴리고 불리고 활용해나갈 줄 알게 된다. 그래야 휘둘리지 않는 내 기준에서 '진짜' 부자가 될 수 있다.

의지가 간절한 이들은 움직인다. 1억 원을 모으려 했던 목표, 튼튼한 우리 집, 계속 업그레이드하려는 의지는 유한한 삶에서

'하루 10분'을 지켜내며 변화해나갔다. 꾸준히 읽고 쓰기를 거듭하며 관심 분야는 호기심과 열린 마음으로 계속 배우고, 내가 할 수 있는 한 최대한 실천하려고 했다. 실패도 숱하게 했고 또 여전히 실패하지만 반대로 가시적이고 정량적인 작은 성공을 이루는 경험 덕분에 감사하는 마음으로 포기하지 않을 수 있었다.

자기 혁명은 일상에서 보이지 않게 만들어진다. 그리고 끝내 성공을 이룬다. 성공한 이후에는 더 발전된 목표를 향해 계속 나아간다. 열린 마음과 의지라는 태도가 습관이 된 이들에게 안주는 있을 수 없다. 경제적·정서적 압박감과 타성에 젖는 대신 하루에 10분이라도 꾸준히 공부 습관을 기르고 계속 배우고 실천하는 이들은 인생에서 성장과 의미, 가치가 더한 삶의 변화를 우선한다. 부자들은 잘살 수밖에 없는 자기계발이 이미 체득되어 더 큰 목표를 향해 나아간다.

사실관계를 내 눈으로 직접 확인하지 않는 이상 '가짜'가 활개 치기 십상이다. 자본주의 사회에서는 원래 그럴지도 모른다. 살아가면서 우리는 그리 좋은 일만 겪지는 않는다. 오히려 더럽고 힘든 일이 좋은 일보다 더 많을 수도 있다.

그럼에도 현실이 냉정한지 온기가 서렸는지는 그 현실을 마주한 상황과 태도를 기준으로 판단하는 것 같다. 결국 돈이 있어본 사람들이, 남 밑에서 몸을 굴려 일하고 노동의 가치를 느끼며 제대로 벌어본 사람들이, 그렇게 해서 불리고 모아본 사람들이, 생산자로 돈을 만들어본 사람들이 자기 부를 말할 수 있는지도 모른다. 금융소득이나 사업소득도 실패와 성공 속에서 성장하려는 이들만이 만들어내고 또 제대로 지켜낼 수 있다.

매일 꾸준히 지켜내는 것의 중요성

태어나면서부터 어마어마한 증여나 상속이 예정되어 있지 않은 이상 보통 사람의 시작은 대개 엇비슷하다. 그러나 여기에 시간이 흐르면서 간극이 생긴다. 바로 '습관'과 '태도' 때문이다. 가진 게 많지 않았던 내가 많이 가질 수 있게 나를 변화시킬 수 있는 유일한 길은 이 두 가지를 매일 꾸준히 지켜내는 것이라고 생각했다. 그래서 악착같이 유지했던 것 같다.

하루 10분, 나만의 공부 습관을 기르고 실천을 거듭하려는 태도를 지키려다보니 결국 부의 진입 차선에 들어설 수 있었고, 여전히 그 부를 추월하려는 움직임을 실천하고 있다. 생각은 모든 행동에 앞선다. 그 생각이 확고하고 반드시 해낼 수 있다는 믿음이 강한 사람이 결국 성과 앞의 승패를 좌우한다고 믿는다. 그 믿음이 지금의 나를 만들어주었는지도 모르겠다.

나도 처음부터 잘하지는 못했다. 모자란 사람이었고, 여전히 모자란다고 생각하며 겸손하게 살고 있다. 그럼에도 20대에 1억 원이라는 순자산을 모은 이후 30대 중반에 부채 없는 집 등 부동

산자산을 제외하고도 순현물자본 10억 원 이상을 보유하고 그
것들을 지켜내며 더 큰 목표와 꿈을 향해 나아갈 수 있는 이유
를 굳이 꼽는다면? 꾸준함과 습관, 태도, 정량적 목표를 향한 하
루 10분의 꾸준한 실천력 그리고 그 시간을 일상에서 지켜내려
는 의지, 그 앞에서 공들일 수 있는 정성 어린 태도가 그 이유이
고 여전히 이것이 정답이라고 생각한다.

진짜 어른의 기준은 '경제적 독립'

나는 최소한 '돈'을 다루는 데만큼은 철저히 '어른'이고자 했
다. 경제적으로 독립해서 자유를 누리는 사람만이 '진짜 어른'이
라고 생각한다. 그런 면에서 아직까지 이 세상에는 어른들이 그
리 많아 보이지 않는다. 지금은 어른이 되기가 결코 쉽지 않은 시
스템이고 세상이다. 그러나 쉽지 않다고 해서 그만둘 것인가? 쉽
지 않을수록 더 노력해야 하지 않을까?

노력해도 안 되는 이른바 티끌 모아 티끌인 세상이라고 해서
포기할 것인가? 그럼 포기하라. 그 대신 이것은 알아야 한다. 티
끌도 모아본 사람이 핑계를 '덜' 댄다는 것을 말이다.

핑계 댈 시간에 티끌을 모으려고 해야 한다. 모르면 알려고 하
고 물어봐야 한다. 고수들은 질문하고 하수들은 움직이지 않는
다. 진짜 튼튼한 고수 부자들은 그렇게 탄생한다. 자신만의 부자

기준을 가지고 남들과 비교하지 않으며 자기 길을 조용히 걸어 간다. 쥐고만 있지 않고 베풀 줄 안다. 남들이 불만을 말할 때 그들은 조용히 자신의 판에서 스스로 삶을 긍정하며 부를 일구려 는 움직임을 보인다. 그렇게 계속 더 부자가 되고 부가 부를 이루 는 경제적 시스템을 만들어나간다.

하루 10분, 정성껏 공들이는 부의 시간

이 책에 눈길과 손길을 주어 지금 이 페이지를 읽는 당신은 부가 부를 이루는 경제적 시스템을 만들려고 노력하는 부류에 속한다고 믿는다. 그렇다면 조금 더 '꼰대' 같은 말을 해본다. 이 글을 시작으로 처음부터 끝까지 읽고 난 뒤 한 문장이라도 마음을 움직였다면, 그다음에는 일상에서 할 수 있는 걸 바로 실천해보라.

더도 말고 덜도 말고 하루에 10분만 자신에게 투자하라. 그리고 '제대로 진지하게' 해내길 바란다. 뭐든 되도록 똑 부러지게, 제대로 해야 성과도 나는 법이다. 대충 시작한 일은 대충 마무리 되기 십상이고 또 반드시 구멍이 생긴다. 이 구멍을 나중에 메우기는 쉽지 않다. 그러니 처음부터 '제대로' 해야 한다.

여기에는 그 어떤 기교도 스킬도 필요 없다. 나만의 튼튼한 부자 기준과 일상 속 태도로 시작하면 된다. 그것이 중요하다.

진리는 단순하고, 실천하기는 어렵다

이 책을 읽은 당신이 책을 덮는 순간, 부디 진지하게 자기 삶을 되돌아보면 좋겠다. 굳이 돈이 아니어도 괜찮다. 본질적으로 돈 자체가 중요한 것이 아니라 그 돈으로 지켜내는 '시간' 속 '삶'이 더 중요하니까. 나처럼 부족한 사람도 열망과 의지, 끈기와 꾸준함으로 버티며 해내니 당신도 결국 해낼 거라고 믿는다.

이 책에는 하루 10분이라는 시간을 투자해 10억 원이라는 통장 숫자를 만들어낸 나의 일상이 담겨 있다. 누군가에게 잊히고 싶지 않고, 여전히 사랑하고 사랑받기를 바라며, 이제는 진짜 부자 엄마로 살아가고 싶은 내가 그동안 쌓아온 돈 습관, 돈 관리 이야기를 담았다. 부디 너그러운 시선으로 읽어주시기를 기대한다.

우리의 오늘이 잘 흘러가고 있기를.

김혜원

Contents...

Chapter 1 **부자 엄마로 가는 기초 습관**

Contents...

Chapter 6	**엄마의 현명한 투자 습관**	

남들과 비교되거나 남들 기준에 휘둘리지 않고 나만의 '삶'

속 '부'를 지켜내려면 '기초'가 튼튼해야 한다. 기초공사가

튼튼하지 않은 집은 무너지기 십상이다. 1장에서는 부자 엄

마로 가는 '마인드셋'의 필요성을 알려주고, 어떤 생각과 삶

의 기준으로 하루 10분을 투자해 '경제적 자유'에 다다르려

고 했는지를 구체적으로 담았다.

Chapter 1

부자 엄마로 가는
기초 습관

간절히 열망했던 경제적 독립, 경제적 자유

현실을 살아내다 보면 돈은 생존 문제라는 걸 깨닫게 된다. 경제적으로 자유롭지 못하면 시간의 주인으로서 내 삶을 사는 것 또한 쉽지 않다.

부자의 온도

누구나 살면서 '부자가 되고 싶다'는 생각을 한다. 자신만의 삶을 찾으려는 욕구가 있는 사람, 그와 더불어 삶 속에서 덜 불안하고 좀더 넉넉한 경제적 풍요로움을 갈망하는 사람이라면 특히 경제적 자유를 꿈꾼다.

그러나 이 생각에도 차이가 있다. 바로 간절함의 온도다. 경제적 자유를 말로만 바라는 사람과 그 간절함에 부응하듯 직접 움직이는 사람이 있다. 어느 쪽의 온도가 더 뜨거울까?

열망하는 꿈이 일상의 삶과 긴밀하게 맞닿은 사람은 지루한 일상 속에서도 부단히 움직인다고 나는 믿는 편이다. 그래서 말만 하는 사람으로 살고 싶지는 않았던 것 같다. 나는 꽤 어린 나이부터 '돈 욕심'이 있었던 것 같다. 그러나 그게 부끄럽다고 생각한 적은 별로 없다. 내게는 그냥 자연스럽고 너무나 당연한 일이었다.

일상을 꿈에 맞추다

당시 어른들에게는 우스워 보였을지 모르지만, 돌이켜 생각해 보면 나는 정말 푼돈을 모으고 종잣돈을 불려가는 즐거움으로 일상이라는 시간을 내 기준에 맞춰 살았다. 대학 때는 야학 봉사 활동을 하면서도 거의 아르바이트를 두 개 정도는 하며 살았다.

'20대 최고 재테크는 장학금으로 학비를 절약하는 것'이라는 생각으로 도서관을 들락날락거리며 악착같이 공부하기도 했다. 그 덕에 교환학생 자격으로 유학을 갈 수 있었다. 남들이 몇백만 원씩 투자해서 떠나는 어학연수를 거의 공짜로 다녀온 셈이니, 학생 신분으로서는 최고의 재테크가 아닐 수 없었다. 그리고 고리타분하겠지만 여전히 최고의 투자는 '공부'라고 보는 편이다.

스타벅스 커피 한 잔보다 편의점에서 사먹는 맥주 한 캔이 더 좋았던 나는 당시에는 몰랐지만 우리가 지금 흔히 말하는 '경제적 자유'를 조금 일찍부터 꿈꿨던 것 같다. 그래서 등기부등본의 표제부 갑구에 소유자 명의로 내 이름 석자를 올리고 싶었고, 무언가를 줄 수 있는 사람이 되기를 진심으로 바랐다. 그게 내 기준에서 주민등록증에 걸맞은 진짜 '성년' 자격이 주어지는 어른이라고 생각했다.

진짜 어른의 조건, 경제적 독립

나는 지금도 경제적으로 독립해야 진짜 어른이 되는 것이라고 생각한다. 우리 남매는 넉넉하지는 않았지만 누구보다 성실하고 생활력이 강했던 부모님에게서 좋은 습관을 보고 배웠다.

그러나 한편으로는 안타깝고 서글펐다. '저렇게 열심히 일하는데도 우리집 형편은 왜 크게 나아지지 않을까?' 마음속에는 의구심이 쌓여갔다. 일만 열심히 하면 누구나 다 부자가 될 줄 알았던 생각에 조금씩 금이 가기 시작했다.

『부자 아빠 가난한 아빠』라는 책을 보면 진짜 부자는 생산자로서 부자를 의미하는데, 아쉽게도 내 부모님은 그런 생산자로서의 시간이 많지 않았다는 사실을 나중에 알았다. 다만 부모님들의 최고 강점과 여전히 존경하는 면모 중 하나는 사람 대하기를 돈 대하는 것보다 소중히 생각하신다는 것이다. 그리고 꾸준한 습관과 성실함이 있다. 그것은 우리 남매가 증여받은 최고 자산이자 재산이나 다름없다.

이 경험 자산들에는 증여세나 상속세가 부과되지 않는다. 최고 경제 자산을 물려받은 셈이니 나는 여전히 감사하게 생각한다.

나는 엄마가 아빠의 월급을 모으고 모아서 평수가 넓은 브랜드 아파트로 이사하고, 집을 가꾸고, 살림을 탄탄히 지키는 모습을 보고 배우며 자랐다. 그러면서 동시에 은연중 느꼈던 것 같다. 부모님에게 이른바 '돈 나가는' 자식이 되고 싶지 않다고. 부모님의 고단한 성실함은 누구보다도 뜨겁고 치열하다는 것을 곁에서 지켜보면서 알았기 때문이다.

▎경제적 자유의 시작은 1억 원!

나는 경제적 자유를 향한 첫 번째 관문으로 '1억 원'을 세팅했다. 20대에 1억 원을 모아야 그다음이 있을 것 같아서 막연히 시작했다. 그렇게 시간은 흘러 15년이 지난 어느 날, 그 숫자는 어느새 10억 원을 통과하며 불어나고 있었다.

시간은 이처럼 신기하고 또 무섭다. 예전에는 꿈도 꾸지 못했을 막연하기만 한 숫자가 정말 내게 올 줄이야. 그리고 그 숫자는 쉼 없이 더 큰 숫자를 향해 순항하고 있다.

어떻게 이런 마법 같은 숫자가 가능했을까? 나는 그리 대단한 사람이 절대 아니다. 굳이 비법을 꼽자면 뭐든 이루고자 하는 것에 꽤 간절하고 뜨거운 열망을 품는 것, 생각에 그치지 않고 뭐든 할 수 있는 범위 안에서 아주 작은 실천이라도 하려고 움직이며 살았다는 것이다. 돈 앞에서는 진지한 각오로 꾸준히 노력했다고 감히 얘기할 수 있다.

나만의 튼튼한 경제적 자유를 그리다

현실을 살아내다 보면 돈은 생존 문제라는 걸 알게 된다. 경제적으로 자유롭지 못하면 결국 시간의 주인으로서 내 삶을 사는 것 또한 쉽지 않다. 특히 직장이라는 조직에 속한 사람이라면 대부분 시간을 누군가에게 종속되어 월급을 받으며 일하는 데 사용한다. 일로 성취의 보람을 느끼며 행복한 삶을 사는 사람에게는 그리 큰 문제가 되지 않을 수 있지만, 반대로 자신을 위한 온전한 일이 아닌 그저 월급만을 위해 일하는 것이라면 그만큼 슬픈 시간이 또 있을까.

우리는 더더욱 스스로 불안하지 않고 슬프지 않기 위해 경제적 자유를 이루어야 한다. 이름만 대면 알 만한 차를 타고, 명품 옷을 걸치고, 고급 레스토랑에서 매번 식사하는 데 부족함이 없는 것이 경제적 자유가 아니다. 삶에서 어떤 선택을 할 때 돈이라는 최소한의 무기가 인생 전반에 구축되어 있고, 이 무기를 토대로 자기 시간을 자유롭게 사용할 수 있는 사람들이야말로 진짜 경제적 자유를 획득했다고 볼 수 있다.

하지만 경제적으로 자유로워도 시간적 자유가 없다면, 그것은 반경제적 자유 같기도 하다. 어쨌든 경제적 자유 없이는 삶의 주체적 통제권은 내가 아닌 다른 사람에게 빼앗겨버리기 쉽다. 그리고 그런 삶은 진정한 주인으로 사는 삶도 아닐 테다.

나는 직장에 속해 있지만 언젠가부터 주말 이틀이라는 자유를 위한 평일 5일이 노예 같은 삶의 연속인 것만 같아서 불안했다. 언제까지나 이런 삶의 패턴이 지속되어 자칫 조직 내 노동시간 자체에 매몰될 것 같아 슬프고 아쉽기 시작했다.

나만의 사이드 프로젝트들

하나뿐인 유한한 삶을 어떻게 살지 좀더 깊이 고민하면서 어떻게 잘살다가 어떻게 잘 죽을지 생각하다보니 자연스럽게 최소한의 전제조건으로 경제적 자유에 대한 갈증을 심하게 느꼈다. 그래서 직장에 다니면서도 움직일 수 있는 한 최대한 움직이려고 노력했다. 그렇게 나 자신을 좀더 실험해보기로 결심하고 부지런히 움직였다.

일종의 '사이드 프로젝트'들이 바로 그 실험의 일환이다. 직장인 투자자로서 공부와 투자 활동을 병행하며 소액이어도 월세라는 현금 파이프라인을 구축하는 시간을 만들어봤는데, 이 활동은 지금도 진행중이다. 읽고 쓰는 삶을 유지하기 위해 고군분투하던 중 고마운 기회와 연이 닿아 재테크 분야 경제서를 출간했으며,

그 이후에는 본격적인 작가의 삶을 살며 글을 말로 풀어내는 강단에 서보기도 했다.

현재는 꾸준히 서평을 쓰면서 여러 출판사들의 책 서포터즈 활동을 하거나 직접 만든 경제독서 모임과 교보북살롱의 콜라보레이션 활동인 경제 독서모임 호스트, 글쓰기 원데이 클래스 강사, 모임 큐레이터 등 자기계발 모임을 주도하거나 가계부의 진면목을 알리기 위해 소소하게나마 커뮤니티를 만들어 누군가의 삶에 선한 동기를 부여해주는 역할을 병행하고 있다.

그렇게 낯선 사람 효과(그냥 알고 지내거나 별로 가깝지 않은 낯선 사람과의 관계가 우리 삶에 긍정적인 기회를 제공한다는 것)가 삶에 쌓이면서 내 '경험 자산'도 쌓인다고 믿기 때문에 이 모든 활동이 가능한 것 같다. 그리고 이런 시간은 비록 소액이기는 하지만 여러 형태의 경험적·시간적·물리적 자본과 연결된다.

이런 활동을 이제는 현업과 육아를 병행하며 실현하고 있다. 그게 가능할지 혹시 의심이 든다면, 부디 직접 시도해보길 권한다. 일단 해보고 나서야 아는 영역이 분명히 있다.

하자, 당신이 할 수 있는 어떤 방법으로든

지금까지 얘기한 경제적 자유에 공감한다면, 이제는 '어떻게 해야 하루라도 빨리 경제적 자유를 이룰 것인가'라는 질문으로 옮겨가야 한다. 사실 20세 때 경제적 자유를 이루는 삶과 60세에 경제적 자유를 이루는 삶은 뚜렷하게 다를 수밖에 없다.

내 삶이 소중하다고 생각하면 할수록 더더욱 조금이라도 더 빨리 경제적 자유를 이뤄야 한다. 하지만 사람들은 대부분 이런 목표를 좀더 절실하게 느끼고 구체적으로 계획하면서 살지는 않는 것 같다. 다만 '타인'의 기준이 잣대가 되어 남보다 더 좋은 학교에 가서 남보다 더 좋은 직장에 들어가는 것을 삶의 목표로 삼는다.

나도 한때 그랬다. 스펙을 쌓고 좋은 직장에 다니는 것이 부자로 가는 지름길이라고 믿었다. 그러나 책을 읽거나 실전에서 돈을 모으고 불리는 시간 속에서 경험을 쌓으며 만나게 된 사람들을 보면 꼭 그렇지만은 않았다. 아니, 오히려 그 방법이 틀렸다. 명문대 공식은 이제 깨졌다. 학교를 잘 나오고 대기업에 다닌다고 해서 다 부자가 되는 것이 아니다. 스펙이 좋지 않고 대기업에 다니지 않아도 자신만의 부자의 길을 묵묵히 걸어가는 사람이 더 많아졌다.

현재 하는 일이나 자기가 속한 조직에서 어떻게 해야 정년까지 버틸 수 있을지 '만' 고민하는 사람과 자신만의 길을 찾으려고 부단히 사이드 프로젝트를 만들어낼 줄 아는 생산자로서의 삶을 고민하는 사람은 경제적 자유라는 세계에서 차이를 보인다.

우리는 60세 또는 65세까지 정년이 보장되는 직장에 들어가기 위해 인생의 가장 소중한 시기인 젊음을 희생하는 건 아닐까? 그리고 이른바 대기업이라는 직장에 들어가면 모든 게 끝일까?

이제는 100세 시대다. 진짜 내 일이 필요한 시대라는 말이다. 진정한 나만의 업과 내가 사랑하고 몰입할 수 있는 진짜 일을 삶에서 찾아야 한다. 그리고 그 일을 할 때 경제적으로 여유 있는 사람들이 좀더 좋은 삶을 누릴 수 있는, 즉 5일은 내가 좋아하는 일을 하고 2일은 완벽한 자유를 얻는 삶을 산다면 그것이야말로 정말 잘 사는 것 아니겠는가.

경제적 자유를 바란다면 용기를 내서 자신만의 방법을 치열하게 고민하고, 알려고 노력하고 공부하면서 힘들어도 꾸준히 천천히 앞으로 나아가야 한다. 어떤 선택을 할 때 때로는 남들과 다른 길을 가야 한다는 의미다. 그래야 비로소 경제적 자유를 향해 첫걸음을 뗄 수 있다.

좋아하는 소설 『데미안』에 이런 문구가 있다.

"나는 단지 나 자신을 살려고 했을 뿐이다. 그것이 왜 그리도 어려웠을까?"

누구나 자기 서사가 담긴 자기 삶을 중요하게 생각한다. 겉으로 드러내지만 않을 뿐이다. 엄연히 살아 있는 단 하나밖에 없는 존재이고 유한한 삶이라면, 지금부터 경제적 자유를 꿈꾸자. 그것이 바로 '나'라는 인간이 나를 잃어버리고 싶지 않은 원동력이 될지도 모르니까.

휘둘리지 않는
나만의 부자 기준 세우기

정서적 부자는 '삶'과 '시간'에 초점을 맞춘다. 그들은 '충족감'을 느끼고 '기쁨'을 추구한다. 이렇듯 남이 아닌 내 기준에서 부자로 살아야 한다.

┃ 10억 원이 있으면 부자일까?

돈이란 무엇일까? 부자란 어떤 사람들일까? 시중에 널려 있는 경제서, 자기계발서, 재테크서에는 돈과 부자에 대한 일반적 정의가 다양하게 나와 있다. 한 금융권이 조사한 2019년 대한민국 부자 보고서에 따르면 '금융자산 기준 10억 원 보유자'를 부자로 정의한다고 한다. 한국 부자의 보유 총자산 구성 비율은 주택, 건물, 토지, 상가 등 부동산자산이 50% 이상을 차지하고 나머지는 금융자산, 기타자산이 차지한다고 한다.

그런데 나는 이런 통계수치나 보고서들을 보고 있으면 아쉬움을 감추지 못하겠다. 흔히 대한민국에서 부자라고 정의되는 이들의 기준은 물리적 숫자로만 조사되거나 정의되어 있기 때문이다.

물론 이 기준이 완전히 틀린 것은 아니다. 물리적 보유 자산, 즉 수중에 돈이 없는 것보다 있는 것이 좀더 부자 기준에 가까울 수 있다는 것은 다분히 현실적이고 이성적인 정의일지 모른다. 그렇지만 생각해보자. 당장 1천만 원조차 모으기 힘든 사람이 10억이라는 숫자와 마주했을 때 부자가 될 수 있다고 생각할 수 있을까? 1억이라는 숫자도 거대한 벽같이 느껴지는 사람에게 10억이라는 막연하기만 한 숫자는 오히려 어떤 결핍감을 주는 건 아닐까?

막연하게 할 수 있다는 초긍정 자세로 정신승리를 한다 해도, 정말 부자가 될 수 있다고 판단하고 움직이는 사람은 그리 많지 않을지 모른다. 또 10억이라는 기준 또한 내가 아닌 남들이 정해놓은 수치일지 모르는데 여기에 아무런 대책이나 생각 없이 막연히 '이만큼 벌 거야' 또는 '이만큼 모을 거야'라는 생각에서 출발하는 돈 모으기가 꾸준히 순항할 수 있을까?

남이 아닌 내 기준에서 부자로 살기

진짜 부자는 남들 기준에 맞추는 게 아니라 내 형편과 상황, 삶에 기준을 두어야 한다. 그리고 꿈은 크게 잡을 수 있다 해도 그것에 단숨에 올라갈 수 없다는 걸 인정하고, 되도록 이성적으로 한 단계 한 단계 작은 성공사례를 먼저 만들어보는 것이 중요하다.

결국 1천만 원을 모을 줄 아는 사람이 자산을 1억 원으로 불릴 수 있다. 그리고 1억 원을 만들어본 사람이 5억 원을 넘어 10억 원까지도 갈 수 있다. 이른바 증여나 상속을 받지 않는 이상 돈이 하늘에서 뚝 하고 떨어질 리 만무하다.

쉽게 번 돈은 그만큼 쉽게 나갈 수 있다는 것을 우리는 잘 알고 있다. 고루한 생각일지 모르지만, 나는 여전히 공들여 노력했지만 쓴 실패가 전제된 성공이야말로 오래가고 또 가치가 있다고 믿는다. 쉽게 얻은 성공보다 실패에서 배우고 경험한 것이 좀더 의미가 충만해서 스스로를 성장시킬 수 있는 힘이 된다고 말이다.

그런 면에서 나는 돈도 힘들게 벌어본 사람이 좀더 소중하게 다룬다고 본다. 그렇게 힘들게 벌어본 이들은 돈을 쉽게, 함부로 대하지 않을 테니까 말이다.

색다른 부자 기준

대한민국에서 나고 자랐지만 내 부자 기준은 외국의 부자 기준에 좀더 가깝다. 언젠가 신문을 보다가 미국과 한국의 부자 기준을 정리해놓은 칼럼을 읽은 적이 있다. 미국에서는 많은 사람이 부를 정의할 때 '스트레스 없는 마음의 평화'를 이야기했다.

놀랍지 않은가. 한국에서는 10억 원, 100억 원 또는 부동산 몇 채 하는 식으로 숫자나 물리적 기준에 잣대를 두는 반면 외국에서는 삶, 사람, 상태에 그 기준을 두고 있는 것이다.

2018년 블룸버그에서 조사한 한 설문조사에 따르면 '꼭 돈이 많아야 부자'라는 대답은 11%에 그쳤다. 그 대신 무엇이 부를 의미하는지에 대한 질문에 대다수가 '스트레스 없는 삶, 마음대로 소비할 수 있는 경제적 자유, 가족·친구와 사랑 가득한 관계 유지' 등 삶의 만족도와 관련 있는 문항에 더 기준을 두었다. 즉 자산이 얼마냐가 아니라 돈과 관련된 스트레스에서 자유롭고 사랑하는 이들과 좋은 관계를 만들고 또 유지하는 것이 부의 진정한 기준이라는 것이다.

나도 삶의 정서적인 부분이 부의 진정한 기준이라고 보는 편이다. 숫자를 넘어서 무엇이 일상에서 부자라고 느끼게 해주는지를 곰곰이 생각해보면, 의외로 간단히 답을 낼 수 있다. 사랑하는 사람과 시간을 보낼 때, 나 자신만을 위한 재충전 시간을 가질 때, 사랑하는 사람과 좋아하는 곳에서 외식하거나 평소 먹고 싶었던 음식을 배달해 먹으면서 텔레비전을 볼 때 등 생각보다 럭셔리한 아이템이 있어야 행복을 느끼는 건 아니라는 말이다. 정서적 부자는 '삶'과 '시간'에 초점을 맞춘다. 그들은 거기서 충족감을 느끼고 기쁨을 추구한다.

너무 당연한 이야기 같지만 행복이나 기쁨을 느끼는 내 기준도 이와 비슷하다. 가계부에 1억 원이라는 목표를 적고 대학생 시절 처음 했던 재테크에도 물리적 숫자가 적혀 있기는 했지만 그 뒤 언제나 꼬리표처럼 이런 부자의 기준을 적어내곤 했다. 예를 들어 내 명의의 작은 집 서재에서 음악을 들으며 책을 읽거나 글을 쓸 수 있는 상태를 간절히 바랐다. 그렇게 가계부에 일기를 써내려가듯 숫자와 더불어 몇 가지 문장을 같이 적었다.

다른 사람의 기준에 휘둘리지 않는 진짜 부자

사랑하는 사람과 시원한 바람이 부는 여름 밤공기를 만끽하며 맥주를 마시는 일상을, 사랑하는 지인들을 위해 망설임 없이 밥과 책을 건넬 수 있는 그릇의 소유자가 되기를 꿈꿨다. 그게 그때 나의 부자 기준이었고, 지금도 20대 시절의 그것에 비해 크게 달라진 건 없다.

다만 이젠 내 아이들이 생겼기에 그 아이들을 위해 부자 엄마가 되어 관념적이든 물리적이든 무언가를 남겨주고자 하는 꿈이 붙은 정도다. 건물을 한 채씩 물려주는 것보다는(아직은 가당치도 않지만) 그 건물을 스스로 만들거나 일궈낼 수 있는 습관이나 생각, 가치관과 경제관념을 길러주고 싶은 열망이 요즘은 더 커졌다. 아이들을 생각할 때 간절한 소망 중 하나는 바로 그렇게 '생산자'의 삶을 사는 부자 엄마가 되는 것인데, 이것이 현재 나의 부자 기준이 되어버렸다.

사람에게는 자기 결정권이 있다고 한다. 즉 내가 원하는 것을 해왔고 앞으로도 그렇게 살 수 있다고 생각한다면, 그건 바로 자기 결정권이 있다는 말이라고 한다. 반대로 내가 하고 싶지 않은 일인데도 여전히 원치 않는 어떤 일들을 하며 살아가고 있고 앞으로도 계속 그럴 것이 예정되듯 보인다면, 그건 진실로 자기 결정권이 없다는 의미일지 모른다. 타인이 내 삶의 주인이고 내 삶이 속박된 노예나 별반 다름없다면 그토록 서글픈 현실이 어디 있겠는가.

진짜 부자는 그리고 경제적 자유를 바르게 행하는 이들은 삶에서 이타심이 있고, 자기 결정권이 있고, 자기 삶과 죽음의 기준이 뚜렷한 사람이라고 생각한다. 우리가 돈을 벌어서 되도록 많이 갖기를 바라는 이유도 어쩌면 이런 자기 결정권을 확보하기 위해서일지 모른다.

오늘부터 다른 사람의 기준이 아닌 내 기준과 삶에 좀더 초점을 두고 진정 바라는 삶을 진지하게 생각해보자. 그리고 종이에 한 번 적어보자. 밑져야 본전이다. 막연히 숫자로 규정된 부자에 나를 억지로 끼워 맞추는 것보다 훨씬 가치 있는 시간이 될 것이다.

내가 정말 바라는 삶이 무엇인지, 어떤 사람으로 살다가 어떻게 죽음을 맞이할지를 진지하게 고민하는 시간을 가져야만, 내 자산의 흐름과 방향을 결정짓는 데 원동력을 찾을 수 있다. 그 방향이 되도록 선하고 바른 흐름이기를, 그래서 당신 앞으로 남은 삶이 순항하기를 진심으로 바란다.

가계부는 정답,
하루 10분 거꾸로 가계부

하루에 10분만 가계부에 시간을 투자하며 생각해보자. 계획에 맞는 소비를 하면서
동시에 수입이 불어나는 기쁨과 든든함을 느끼는 것이 목표다.

하루 10분의 투자 기록

'돈에는 꼭 이름표를 달아주어야 한다'고 생각했던 때가 있었
다. 꿈과 미래로 보이는 어떤 장면에 숫자만 기록하는 게 아니라
그 숫자에 의미를 부여하는 것이다. 돌이켜 생각해보면 나는 돈
이라는 수치에도 이루고자 하는 꿈이라는 서사를 늘 생각하며
기록했다. 마치 숫자에 생명을 불어넣는 것처럼. 나는 지금도 여
전히 가계부를 그렇게 기록하며 관리하고 있다.

5년 전 출간한 첫 번째 경제 에세이『하루 10분 거꾸로 가계
부』서두에는 이런 말을 써놓았다. "하루에 10분만 시간을 내서
거꾸로 가계부를 쓰고 실천한다면 당신의 나머지 인생도 당신

스스로 써나갈 수 있을 것이다."

가계부를 스스로 만들어 기록하고 관리하며 작은 재무적 목표를 이뤄나가는 사람은 그렇게 부자가 되는 길에 들어설 수 있으며, 최소한 시간과 숫자를 관리할 줄 아는 사람이야말로 인생도 차곡차곡 만들어나갈 수 있다고 믿기 때문이다.

2018년 공저로 출간한 책도 공교롭게 『90일만 쓰면 부자 되는 가계부』다. 그 이후에는 강의할 때 내 가계부 틀을 직접 보여주며 가계부가 순기능을 하려면 어떻게 해야 하는지를 소박하게나마 성심껏 전파하고 있다. 더 나아가 가계부를 통해 소박한 일상의 꿈을 이룰 수 있게 만드는 가계부 모임까지 마치 파생상품처럼 직접 만들어 운영중이다.

가계부를 이렇게까지 강조하는 이유는 그만큼 가계부가 나 또는 우리 집 자산흐름을 가시적으로 보여주기 때문이다. 잘 관리하고 목표를 제대로 수치화하며 동기를 부여함으로써 자꾸만 성장하는 '부'라는 농사에 가계부만큼 최적화된 도구는 없다.

나만의 파이낸셜 다이어리

가계부는 순기능만 제대로 한다면 나만의 파이낸셜 다이어리이자 우리 집 자산을 지켜주는 든든한 비서 역할을 훌륭히 수행해낸다. 여기서 순기능은 단순히 소비를 기록하는 데 그치는 것이 아니라(그렇게 하면 가계부는 오래 쓰지도 못한다) 수입과 지출의 자산흐름을 파악하는 것이고, 그것이 가계부를 쓰는 가장 중요한 포인트다.

가계부 안에서 매달 예산을 세워 소비를 관리하고 낭비를 줄일 수 있게 만들 수도 있다. 일상에서 받는 영수증의 내역을 가만히 들여다보거나 내가 소비했던 기록을 보면, 겉으로 드러나지는 않지만 체감적으로 느끼는 바가 분명히 있다. 영수증은 현재 내 삶을 대변하는 가장 현실적 지표가 아니던가!

그런 영수증을 나는 쉽게 버리지 못했다. 그래서 가계부를 단순하게 쓰기 시작한 20대부터 꾸겨진 영수증도 버리기 전에 한 번 더 확인하는 습관이 생겼다. 신기하게 잘못 찍힌 구매계산서를 보고 돈을 돌려받는 일이 다반사이기도 했으니(찍힌 영수증도 다시 보자) 가계부는 여러모로 내게 참 좋은 자산관리 친구가 되어준 셈이다.

또한 가계부를 좀더 고급지게 관리하는 이들은 분명 수입과 투자를 관리할 거라고 본다. 나 또한 맞벌이인 우리 부부의 매달 수입 흐름을 확인하고 그중 저축과 투자 관리를 꽤 철저히 한다.

가계부의 순기능 중 아주 중요한 또 하나는 소비 관리뿐 아니라 축적된 자산과 현재의 투자 흐름을 캐치해 나와 우리 집 자산이 어느 정도 순이익으로 축적되어 있는지, 자산과 부채 비율이 현재 어느 수준인지 파악할 수 있다는 것이다. 앞으로 어떤 목표를 이루기 위해 어느 시기에 얼마 정도 액수가 필요하고, 그것을 위해 나는 지금 어떤 상태에 도달했는지, 앞으로 무엇을 할 예정인지까지 알면 금상첨화다.

가계부 습관 만들기, 시작은 쉽게

이렇게 말하면 가계부를 쓰는 데 상당히 수준 높은 기술이 필요한 것처럼 들릴지 모르지만 긴장하지 마시라. 실상은 전혀 그렇지 않다. 시작을 쉽게 해야 중도에 포기하지 않는다. 이 쉬운 일상에 지루함과 꾸준함이 붙고 가계부 쓰기가 습관으로 튼튼하게 자리 잡는다면 이미 가계부는 파이낸셜 다이어리로서 삶의 또 다른 동반자가 되어 움직일 것이다.

가계부는 흔히 노트나 수첩에 직접 적는 수기 가계부부터 네이버 가계부나 특정 가계부 앱과 같은 자동화 가계부도 있다. 또 직접 틀을 만들어 작성하면서 계산은 수식화해서 자동 관리가 가능한 엑셀 가계부나 PC 버전의 온라인 가계부 등 가계부는 종류도 많고 특징도 각양각색이다.

여기서 중요한 점은 가계부에는 정답이 없으며 내가 관리하기 편해야 한다는 것이다. 이것이 가장 중요하다. 다양한 가계부 종류 중에서 자신의 성격이나 라이프스타일에 맞는 것이 따로 있기 때문이다.

자신에게 맞는 가계부를 찾았다면 이제부터는 꾸준히 쓰는 일만 남았다. 어떻게 포기하지 않고 가계부를 꾸준히 쓸 수 있을까? 나는 너무 많은 시간을 투자하지 말라고 권한다. 하루 10분 정도면 충분하다.

내역은 너무 꼼꼼하게 적지 않는다. 사과 10개에 9,900원, 땅콩샌드 2,980원, 무 1개 1,280원… 이런 식으로 너무 세세하게 적으면 두 달 안에 제풀에 지치기 십상이다. 그리고 이렇게 기록하는 건 하지 않느니만 못하다. 사실 뭘 얼마에 샀는지가 중요한 게 아니다. 우리가 집중해야 하는 것은 바로 흐름을 파악하는 일이고, 낭비를 줄여서 그만큼 기회비용을 고려해 자산을 불리는 데 목적이 있다는 걸 명심하자. 나무만 쳐다보다가 숲에서 길을 잃는 꼴이 되지 않도록 조심하자.

나만의 소비 지출 기준 세우기

지출에 대한 나만의 생각을 점검해보자. 가계부 안에서 소비하다 보면 칭찬할 소비와 아쉬운 소비가 생기게 마련이다. 이럴 때 가계부에 지출을 기록하면서 스스로 피드백을 해보는 것이다.

예를 들어 오늘 점심을 먹고 프랜차이즈 커피까지 소비했는데 왠지 모르게 기쁘고 홀가분한 소비가 있는 반면 꺼림칙한 소비도 분명 있다. 이렇게 소비 기억을 한 번 되새겨보는 것이다. 맛

있는 점심을 '저렴하게 먹을 수 있어서 고마웠다'든가 '굳이 비싼 프랜차이즈숍에서 커피를 마셔야 했을까'라는 식으로 객관적 소비에 대해 주관적 생각을 해보는 것이다.

그러다보면 뭐가 순수한 소비이고 무엇이 과다한 낭비였는지 또는 투자적 소비가 아니었는지 보인다. 이후 비슷한 소비가 예상되면 가계부에 적었던 피드백을 떠올리며 최소한 낭비만큼은 미리 대처할 수 있을 것이다.

나만의 무절제·낭비 리스트를 만들어보는 것도 한 방법이다. 1+1이나 싸다고 쟁여둔 로드숍의 저렴한 화장품들, 옷장에 비슷한 옷이 있는데도 맞는 옷이 없다는 핑계로 사들인 디자인이 엇비슷한 새 옷들, 식사값과 맞먹는 프랜차이즈의 커피값, 습관적인 만남과 그로써 지나치지 못하는 술자리, 대중교통을 이용할 수 있는데도 귀찮아서 타버린 택시(물론 돈보다는 시간이기에 이를 아끼기 위한 수단으로 사용한다면 적극 권장하지만), 건강에도 좋지 않은 담배 등 대표적 낭비 사례로 추정되는 몇 가지 아이템을 떠올릴 수 있다.

물론 개인과 상황에 따라 '낭비'라는 기준은 천차만별이다. 예를 들어 오랜만에 만난 지인들과 즐겁게 보내고 돈을 낼 때, 기분 좋게 소비하고 스트레스도 사라져 편안한 상태를 되찾았다면 그것은 분명 소비의 순기능이 제 역할을 한 칭찬할 만한 소비다. 반면 돈을 쓰고도 어딘지 모르게 후회막심, 아쉬운 소비는 마음에서 바라지도, 의도하지도 않은 낭비 항목은 아닌지 스스로 생각해보는 것이다.

실수는 언제까지나 반복해서는 안 된다. 노련한 사람이라면 실수보다는 성공을 하려고 그만큼 애써야 한다는 뜻이다. 그리고 돈은 정직해서 이렇게 실수를 줄이고 성공하려고 애쓰는 이들에게 더 잘 붙는다.

가계부를 쓰다보면 지출이 많은 날에는 죄책감에 빠지기 쉽다. 그 이후 돈을 아끼기 위해 허리띠를 졸라매는 일이 반복되다 보면 어느새 가계부가 스트레스가 되는 패턴을 반복하고, 결국 중도에 포기하고 만다. 이는 안 쓰느니만 못한 꼴이다.

따라서 하루에 10분만 가계부에 시간을 투자해보자. 꼭 명심해야 할 핵심은 소비를 하지 않아야겠다는 목표보다 내 기준에서 기분 좋은 소비를 하고, 되도록 무절제한 낭비보다는 계획에 맞는 소비를 하면서 동시에 수입이 불어나는 기쁨과 든든함을 느끼는 것이다.

현재 자산까지 불릴 수 있었던 나의 든든한 파이낸셜 비서이자 자산관리의 동반자나 다름없는 우리 집 가계부는 이제 나에게는 정답이 되었다. 당신의 가계부는 어떤가?

월 소비 예산안(예시)

		구분	항목	예산	메모
월 소비 목표 ( )	생활비	고정	집 관련 평균 공과금(월세 등)		평균 공과금(계절별 다름)
			교통/주유비		평균 예상
			통신비(핸드폰, 인터넷)		
			대출 이자(원금 상환 제외)		
			마트재료 식소비(외식비 제외)		
			교육비		분기별 등이 특별활동비의 월 지출 예상
			기타(용돈, 경조사비 등)		부부 용돈 최소화
		변동	외식		집밥 건강식 소식 (아기들 특화 식단)
			문화 생활(영화, 관람료 등)		예상
			레저 유흥(여행 등)		예상
			미용비(뷰티, 꾸밈비 등)		분기별 예상의 월 나눔
			쇼핑비(백화점 등)		
			기타		보은 등 수시 예상
	투자 소비 (미래 경쟁자본)		학습, 경험, 네트워크, 모임		책값
	합계			−	

월 수입 흐름(예시)

		구분	항목	금액	메모
월 평균 수입 ( )	수입	고정	평균 월급		월급
		변동	인센티브		일터 내 변동 수입
			임대소득		부동산(월세)
			자본소득		주식 수익, 금융상품 만기 이자 등
			기타		인세, 강의, 투잡, 벼룩시장, 판매 등 부수 일괄
	합계				

월 저축/투자 흐름(예시)

구분	기간/금리 (목표)	금액 (월 불입액)	목적	필요 시기 (나이)	가입일	만기일	최종 확보 (수익 포함)
적금	단기(1년)/3%		종잣돈(투자금) 확보	1년 내	2018. 2. 22	2019. 2. 22	−
예금	단기(1년)/3%		종잣돈(투자금) 활용	2년 내			−
주식형 펀드	단기(1년)/7%		자본 이익률 확보	3년 내			
크라우드 펀딩	단기(1년)/10%		재미, 즐거움, 엔젤투자	지속			
국내외 주식	단기(1년)/7%			지속			
국내외 부동산	장기(3년)/10%			40세까지			

부자 되게 만드는
엄마의 말 습관

분명 부자를 만드는 말 습관이 있다. 우리 일상은 눈에 보이지 않는 작고 소박한 것들이 차곡차곡 쌓여 거대한 것들을 만들어낸다.

나와 너를 갉아먹는 언어들

"회사 가기 정말 싫다. 왜 내 연봉은 이것밖에 안 되지?"

"우리 집은 왜 아직도 이 형편에서 벗어나지 못할까?"

"당신은 왜 이것밖에 못 벌어? 언제 넓은 집으로 이사가?"

"오늘 반찬이 이게 뭐야? 집에서 뭐 하는 거야?"

"아니, 돈을 어디다 쓰는데 이 정도밖에 없는 거야? 당신이 바깥에서 돈을 벌어봤어?"

"왜 맨날 돈돈 돈타령이야? 내가 밖에서 돈 버느라 얼마나 힘든지 알기나 해?"

이런 문장을 읽을 때 기분이 어떤지 모르겠다. 고구마 백 개를 먹어도 따라오지 못할 퍽퍽함과 안타까움 그리고 어떤 부정적 기운이 내면에 퍼질지 모르겠다. 만약 사랑으로 연결된 관계, 가족이나 친구 사이에서 자연스럽게 흘러나오는 대화가 이런 식이라면 어떨까. 이른바 '에너지 뱀파이어'가 따로 없는 관계겠다. 설령 수치적 부를 거머쥐었다 하더라도 이런 대화가 일상인 사람을 진짜 부자라고 볼 수 있을까.

욕심이 욕심을 부른다고 했다. 이런 말투의 소유자들은 설령 수중에 돈이 꽤 있는 자산가로 겉으로야 얼마든지 자랑할 수 있을지언정 진정으로 존경받는 자산가나 선한 부자의 근사치에는 끼지도 못할 가짜 부자는 아닐까.

▎말과 돈은 반드시 연결된다

나는 부자들 중에서도 진정한 부자로 만드는 건 수중에 있는 돈이 아니라(물론 겉으로는 그 돈이 기준이 되더라도) 그 이전에 그 또는 그녀를 부자로 만들어준 행동과 습관, 특히 말 습관이 있다고 굳게 믿는다. 그리고 나 또한 그 말이나 행동을 무의식중에라도 운과 풍요로움을 불러일으키는 좋은 것들로 채우려고 일상 속에서 일부러 에너지를 투자한다.

분명 부자를 만드는 말 습관이 있다. 이건 어쩌면 너무 기본이어서 이게 무슨 운이고 부자가 되게 만드는 건가 싶을지 모르겠지만, 우리 일상은 눈에 보이지 않는 작고 소박한 것들이 차곡차곡 쌓여 거대한 것을 만들어낸다. 예컨대 눈에 보이지 않는 생각은 결국 모든 가시적 행동에 선행한다.

행동이 앞서기 전에 생각이라는 추상적 관념이 먼저 앞단에 붙는데, 이 생각이 정말 커다란 차이와 결과를 불러올 수 있다. 부정적인 사람과 긍정적인 사람은 생각에서부터 간극이 보인다. 그 생각은 작은 행동으로 번지고 그것들이 쌓여 인성과 인격으로 만들어진다고 한다면, 무섭지 않은가?

만약 말처럼 된다면, 내가 오늘 내뱉은 좋지 않은 말이 결국 현실로 비춰진다고 하면, 말도 함부로 해선 안 될 것 같다. 의식적으로라도 좋은 말을 달고 살려고 노력해야 한다. 이런 노력이 정말 중요하다.

운이 들어오는 말투와 부를 끌어오는 말 습관은 정말 따로 있다. 운이라는 영역은 사실 우리가 컨트롤하지 못한다. 반대로 우리가 컨트롤할 수 있는 것은 철저한 노력에 수반한 자신뿐이라는 걸 반드시 인정해야 한다.

돈이 붙는 대화법

돈은 사람과 그 상황이 은연중 내게로 운반하기에 특히 부드러운 말솜씨와 칭찬을 즐겨하는 관계 속 긍정의 대화법이 운이

나 사람을 끌어들이는 마법 같은 도구가 될 수 있다. 누군가에게 건네는 말 한마디도 되도록 비난보다는 칭찬을 하고, 공격적이기보다는 부드럽고 온화한 말을 하며, 무엇보다 감사할 줄 아는 태도로 말하려고 노력해야 한다.

이런 태도로 일상을 살다보니 내 말 습관도 성장해온 것 같다. 되도록 말을 곱게 하는 사람이 되고 싶은 마음에서 말이다. 그래서일까. 예전에 비해 현업에서 관계도 많이 순화되었고, 조직생활에서 관계들로 받는 스트레스도 덜하게 되니 에너지 고갈 횟수도 차츰 줄어들었다.

그렇게 비축한 에너지로 투자 공부를 하거나 기타 사이드 프로젝트에 투자할 수 있는 심적 여유마저 생기니 웬일인지 삶이라는 시간을 선순환해가는 느낌마저 들곤 한다(물론 육아가 직장보다 고된 게 사실이니 상대적 느낌일 수도 있지만).

부드러운 말은 그렇게 운과 풍요의 기운을 불러들이는 최고의 마법일지 모른다. 상대방이 알아듣기 쉽게 되도록 상대 처지가 되어 말하는 것이야말로 그 또는 그녀를 대하는 최고 마음가짐 아닐까. 또한 내가 기쁜 것과 더불어 나 이외의 사람에게 한 번이라도 더 미소 짓게 만들고 기쁘게 해주는 것은 나를 향한 일종의 투자일 수 있다.

결국 돈도 사람과 사람의 연결 관계를 통해 씨앗을 맺고 끌어들이는 것이다. 하다못해 은행이든 부동산중개업소이든 어떤 장

소에서도 우리는 사람을 만나지 않는가. 이렇듯 처음 보는 사람을 대할 때 될 수 있는 한 칭찬과 긍정, 배려의 화법을 구사하는 사람에게 더 좋은 금융 상품을 그리고 좀더 괜찮은 물건을 소개해주는 게 사람 마음 아니던가.

부자는 어쩌면 돈의 크기와 상관없이 이렇게 좋은 말 습관과 더불어 좋은 사람 관계 속에서 만들어지는지도 모른다. 이게 사실이라면 지금 당장 말 습관을 좀더 순화해보자.

꾸미지 말고 솔직하게 진실이 담기고 진심이 어린 목소리로 말해보자. 험담은 듣지도 말고 함부로 하지도 말기를, 기분이 좋지 않을 때는 차라리 침묵하기를, 측은지심·동병상련·이타심을 내면에 깔고 상대를 대하기를, 무턱대고 까대는 부정보다는 차라리 수용하고 인정하고 보는 긍정을 지향하기를 바란다.

가장 완벽한 말 습관은 바로 '감사'함이다. 지금 내 앞에 있는 사람과 살아 있는 이 환경에 감사할 줄 아는 사람이기를 바란다. 그런 사람의 말은 결국 사람을 끌어당기고 그 사람과 사람이 만나 돈이 흐르고 그 돈이 나에게 말미에 찾아올지도 모르니까.

부를 추월하는
나만의 경쟁력 만들기

진심으로 부자가 되고 싶다면 나만의 경쟁력을 키워야 한다. 언젠가 한 번쯤 자기 자신을 빛낼 줄 아는 나만의 경쟁력이 있어야 한다.

이왕이면 기쁜 월급쟁이의 삶 만들기

나는 아직 월급쟁이다. '아직'이라는 부사를 군이 넣은 이유는 평생직장은 없다는 걸 알기 때문이다. 조직에 소속되어 업을 유지하며 월급을 받지만 언젠가는 프리랜서 또는 나만의 색깔이 드러나는 업을 만들고자 하는 꿈을 마음에 품고 있다.

사실 돈이 돈을 벌어다주는 이른바 '현금흐름의 파이프라인'이 생기는 자산·재무 시스템을 구축하는 것도 현재 일구는 과업 중의 하나지만, 나에게는 여전히 '일'이라는 노동을 지속하고 싶은 욕망이 있다. 사람과 만나 시간을 나누고 경험을 축적하며 스스로 성장시켜나가는 데서 삶의 만족을 느끼는 편이며, 돈 때문에 일하는 게 아니라 일을 하다보니 돈이 끌어당겨지기를 바란다.

　노동할 수 있는 환경이 주어진다는 것이 요즘 들어 더 기쁘게 느껴진다. 현장에서 보고 느끼는 오만가지 인간상과 상황도 훗날 성장의 밑거름이 될 거라고 믿는다. 약간의 자기합리화일 수도 있지만 예나 지금이나 일터는 신성하다. 모든 노동에는 감사할 줄 알아야 한다.

　몸을 움직여 번 돈만큼 정직한 게 세상에 또 있을까? 더군다나 다들 알듯, 자영업과 장사, 사업 영역에서 바깥이 이른바 '정글'인 것은 요즘 경제상황상 무시하지 못하는 현실이다.

나만의 경험으로 경쟁력 만들기

물리적 숫자로 기준 짓는 재산 크기를 키우는 데 그치는 것이 아니라 흔들림 없는 나만의 부자 기준에서 삶의 부유함을 지배하는 '능력'을 지녀야 훨씬 더 진짜 부자에 근접한 것 같다. 돌이켜 생각해보면 20대에 그렇게 바라고 바라던 종잣돈 1억 원을 모으기로 했고, 그 목표를 달성했을 때 결과보다는 오히려 그 과정을 잘 견뎌냈다는 사실이 더 대견했다. 스스로 뿌듯하고 애잔하고 기특했기에 통장잔고를 보면서 참 많이 울었다. 어쩌면 그렇게 조금씩 나만의 경험으로 경쟁력을 키워나가는지도 모르겠다.

　따지고 보면 내 부자 점수는 물리적인 결과도 만족스러웠지만 그걸 이루는 과정에서 스스로 만든 공부 습관과 몸소 움직이는 실천력이 현재 1억 원 이상의 부를 쌓을 수 있었던 나만의 경쟁력 자체가 된 게 아니었을까 싶다.

혹자들이 말하는 부자와 빈자의 차이는 '경쟁력이 있느냐 없느냐'로 나뉘는 것 같다. 이른바 빈자에게는 자신의 노동력과 시간을 월급과 맞바꾸는 궁핍한 시간이 연속된다고 한다. 그러나 이것이 우리의 엄연한 현실이라는 것도 사실은 잘 안다. 그리고 노동은 정말 신성한 것이며 직장인들만큼 정직하게 노동해서 월급을 받는 이들이야말로 부자가 되어야 마땅하다고 보는 편이기도 하다. 다만 아쉬운 것은 직장인일수록 하루 내내 회사에 매몰되기 십상인데, 이는 스스로 시간을 관리하고 자기성장을 생각하며 부단히 스스로 경쟁력을 만들어내려는 의지를 갖기 나름이라고 본다.

직장인이야말로 이른바 월급쟁이 부자가 될 수 있다. 그것도 잘될 수 있다. 아니, 반드시 잘되어야 한다. 하지만 여기에는 반드시 노력이 필요하다. 타고난 금수저가 아니라면 부자라는 이름은 간절한 눈물과 노력 없이 쉽게 얻지 못한다.

월급쟁이 부자들의 비밀

쇼핑, 자동차 등 소비를 위한 투자는 즐기지만 정작 자기계발에 투자할 금전적 여유는 없는 직장인이 아니라, 현재 몸담고 있는 직장 외에 수익을 창출할 만한 제2의 무기를 만들 줄 아는 이들만이 진정한 월급쟁이 부자가 될 수 있다. 회사에서 구조조정 얘기만 나오면 심장이 덜컹하지만, 그렇다고 자기계발을 할 의지도 시간도 없으니 뭔가를 해야겠다는 생각은 들지만 소극적인 이들은 말만 앞서지 정작 행동은 하지 않는다.

시장 금리는 언제나 유동적이고 경제는 흐른다. 몇 초 만에 오르락내리락하는 주식과 코스피 지수가 떡 하니 자리 잡은 자본주의·소비주의 사회에서 우리는 경제 지식과 금융지능을 키우기 위해 무엇을 해야 할까? 금융 문맹으로 일상의 편안함이나 안빈낙도나 욜로에 인스턴트식으로 의지한 채 근근이 먹고 사는 것은 아닐까?

정말로 부자가 되고 싶다면 나만의 경쟁력이 필요하다. 자신만의 기준에 따라 인내심을 발휘하며 자신을 갈고닦아 언젠가 자기 자신을 빛낼 줄 아는 나만의 경쟁력이 있어야 한다.

부를 추월하는 나만의 일상적 경쟁 무기

부를 추월하는 나만의 경쟁력을 만드는 일과는 그리 대단한 것이 아니다. 내가 현재 경쟁력을 만들려고 일상적으로 지루하게 하는 것들이 바로 그런 것이다. 인터넷이나 핸드폰으로 매일 경제기사의 헤드라인만큼은 꼭 확인하거나 관련 재테크나 경제 신간서적들을 탐독한다. 최소한 나라 돌아가는 흐름에는 예민하게 반응할 줄 아는 경제 촉을 기르려고 노력해야 한다는 의미다.

연예기사와 같은 가십기사를 챙겨보는 것이 일상에서 소소한 재미를 줄 수도 있지만, 그만큼 좀더 현실적으로 도움이 되는 생산적인 분야에 관심을 지속하기를 추천한다. 예컨대 관심 분야의 창업 관련 서적을 탐독할 줄 아는 태도가 경쟁력을 기르는 기초 습관 중 하나라고 본다.

월급의 일정 수준 이상은 나를 위해 투자 소비를 지속한다. 나에게 그것은 책을 구매하는 일이다. 나는 다독하는 편이라 읽는 책을 모두 산다면 살림이 금방 거덜 날 수 있다. 그래서 되도록 도서관을 이용하지만 계속 옆에 두고 읽고 싶은 책은 직접 사서 본다. 그밖에 운동으로 체력을 단련하는 방법이나 일상생활에서 실용적으로 활용하려는 분야의 공부도 나를 위한 일종의 투자 소비라고 볼 수 있으니 지금 당장 나만의 경쟁력 만들기를 주저하지 말기 바란다.

사실 그리 거창하지 않아도 좋다. 작은 것이라도 시작해야 끝을 볼 수 있다. 시작조차 하지 않는다면 아무것도 만들어낼 수 없다. 또 직장인이라면 부는 본래 본업에서 창출된다고 믿는다. 자신의 관심사와 적성에 맞는 분야라면(그걸 찾는 게 더 어렵긴 하지만) 그 필드에서 다양한 경험을 쌓고 힘을 기르는 것도 나만의 경쟁력이 될 수 있다.

나만의 불로소득을 위해

부를 추월하는 나만의 경쟁력은 바로 내가 일하지 않아도 수익이 나오는 제2의 불로소득을 만드는 것일지 모른다. 나는 이것을 위해 여전히 계속 공부하고 실행하고 나를 실험해본다.

나는 끊임없이 쏟아져 나오는 금융 상품을 익히고 직접 투자해보고 수익을 실현해보는 시도를 거듭한다. 다행히 지치지 않고 오히려 이 시간에 즐거움을 느끼는 동시에 약간의 독기와 도전 의식마저 생긴다. 이런 시간이야말로 언젠가 또 다른 부를 추월하게 만드는 나만의 경쟁력이 된다고 믿는다.

정말 감사하게도 계속 글을 쓸 기회가 찾아오고 그것이 원고라는 결과물로 닿아 책으로 만들어지기도 했는데, 지금 쓰는 이 책도 그 결과물 중 하나다. 이것들도 모두 나만의 감사한 경쟁력이자 성과라고 생각한다.

먼저 나만의 경쟁력은 무엇인지 진지하게 생각해보자. 그리고 내가 지금 할 수 있는 일과 하고자 하는 일과 나의 강점을 공책에 적어보자. 그것들을 연결해나가다 보면 나만의, 우리만의 방식이 보인다. 그것은 곧 부를 추월하게 만드는 실행력과 만나 부자로 탄생하게 해주는 '타이탄의 도구들'이 될 것이다.

부자 생각이
결국 부자를 만든다

일상의 좋은 생각과 습관이 차곡차곡 쌓여 부자로 거듭나는 '나'를 만들어나간다.
부자가 되었다는 것은 결과로 이뤄낸 게 보이는 것일 뿐이다.

부자들은 읽고 쓴다

부자가 되어 책을 쓴 사람 중 매우 인상 깊은 저자는 『생각의 비밀』을 쓴 김승호 회장이다. 이 책에는 부자들의 성공 습관에 대해 저자의 경험담과 가치관이 잘 묘사되어 있는데, 그중에서도 가장 기억에 남는 것은 바로 '책' 이야기다.

이 책에 따르면 부자 가운데 90% 이상이 하루 30분 넘게 독서를 즐기는 데 비해 그렇지 않은 이들은 2%만이 독서를 즐긴다고 한다. 이 말이 완벽히 맞는다고 단언하기는 힘들 수도 있지만, 책이 주는 효과는 이미 독서를 일상으로 끼고 들어와본 경험이 있는 이들이 더 잘 알 것이다.

그만큼 이른바 부자라고 하는 고수들은 책을 가까이한다는데, 사업을 하든 또는 조직에 소속되어 밥벌이를 하든 일상에서 독서를 하는 이들은 책이라는 매개체에서 어떤 영감을 얻고 그렇게 은연중 부자 생각을 만들어내는 게 아닐까 싶다.

또한 부자들은 기록하는 습성과 쓰는 생각을 지녔다고 한다. 매일 할 일과 하지 않아야 하는 일을 적는 행위도 이른바 빈자들에 비해 9배 이상 차이 난다고 하니 기록의 힘 또한 그만큼 중요하다는 것을 알 수 있다.

부자들의 공통점, 생각 그리고 태도

성공하는 이들의 공통점은 우리가 잘 아는 것처럼 평소 하는 좋은 생각과 단련된 습관에 있을지도 모른다. 성공의 연줄이 되는 습관은 대단히 거창한 것이 아니다. 일상의 좋은 생각과 습관이 차곡차곡 쌓여 부자, 성공한 자산가로 거듭나는 '나'를 만들어나가고, 이렇게 이뤄낸 결과가 보이는 것일 뿐이다.

생각과 태도와 운이 삼위일체가 되어 맞아떨어져 부자가 탄생하게 된다. 여기서 운은 우리가 컨트롤하지 못하는 영역이므로 생각과 태도에 좀더 집중해야 한다. 언제나 내 삶의 모토이자 가치관인 문장이 있다. '생각은 행동에 선행한다.' 이 행동이 반복되어 만들어지는 작고 큰 습관이 바로 태도로 체득될 수 있다.

이 태도가 행동패턴을 바꾸고 행동은 결국 운명을 바꿀 수도 있다. 사실 이 진리를 모르는 사람은 별로 없을 것이다. 그러나 알고도 움직이지 않으면 말짱 도루묵이다. 결국 실행만이 결과로 이어지는 핵심이다.

지금 당장 무엇을 할 수 있는가?

1억 원을 모으고 싶긴 한데 도대체 어떻게 시작해야 할지 몰라서 막막했던 때, 지금 당장 내가 할 수 있는 것이 무엇인지 스스로 진지하게 물어봤다. 가장 빠르고 쉽게 할 수 있는 것이 바로 독서였다.

일단 모르니 알아야 했고, 가성비와 가심비가 가장 좋은 것이 '책'이었다. 그때부터 시간 여유가 있을 때마다 틈틈이 책을 읽었다. 특히 사회 초년생 시절에 집중적으로 파고든 장르는 경제 일반 및 투자서들과 자기계발 경영서들이었다.

그러면서 알게 된 지식을 필사하고 복기하면서 무엇보다 가계부에 집착했다. 내 자산을 파악하고 싶어서였다. 가계부를 쓰기 시작한 이유도 어쩌면 내면에 있는 본능적인 두려움 때문에 결핍감을 극복하고자 한 건지도 모르겠다.

20대에는 가계부에 일상을 의지하며 기록을 습관화했다. 그리고 다소 거창할 수 있으나 할 수 있다고 믿은 '1억 원'이라는 목표 아래 일상의 습관과 부자를 향한 꾸준한 생각이 만나 1억 원을 넘어 종잣돈이 불어나고, 2억 원에서 3억 원을 거쳐 5억 원을 지나 마침내 10억 원과 맞먹는 순간과 만난 건지도 모르겠다.

오늘 내 생각이 부의 진입차선으로 이끈다

이 글을 쓰는 지금도 내면에서는 어제보다 더 나은 오늘로 성장하려는 부자 생각을 마음에 품고 일상의 시간을 채워나가고 있다. 사랑하는 사람들에게 선한 에너지를 주고 좋은 동기부여를 할 수 있는 코칭 매니저 '헤븐'이라는 이름으로 공간 브랜딩이 된 곳에서 사람과 사람, 공간과 이야기로 이어지는 일종의 커뮤니티를 만들어 그 연대의 중심에 서기를 바란다. 삶의 마지막 순간에는 사랑하고 좋아하는 사람들만 곁에 남아 덜 후회되고 더 기쁜 좋은 인생을 살았던 부자 엄마로 아이들에게 기억되기를 지금도 간절히 바란다.

나만의 부자 생각이 그저 생각으로만 그치지 않기를 바란다. 그리하여 어떤 가시적인 결과를 위해 오늘도 책을 펼쳐서 손품을 팔고 눈동자를 굴리며, 조금이라도 더 읽고 몇 자라도 더 쓰며 오늘을 기록해나간다.

이 책에 기록한 부자 생각을 훗날 자신 있게 아이들에게 정량적인 결과와 함께 이야기하는 순간이 올까? 그 뭉클한 순간을 상상하며 나는 오늘도 부자 생각을 끊지 않을 작정이다. 왜? 부자 생각이 결국 부자를 만들 테니까.

나도 모르는 사이에 피어나는 이 근사한 부자 생각이 행동과 만나 결과로 이어지는 날이 언젠가는 오기를 간절히 바란다. 그리고 당신의 부자 생각도 지금 꽃피어나기를, 당신만의 방법으로 계속 나아가기를 응원한다.

하루 24시간 중 10분이라는 시간을 투자해 재테크 금융지

능 및 세금 공부를 하고 각종 보험 상품이나 책을 통해 정량

적으로 '부'의 지능을 훈련한 경험담을 2장에 담았다. 결국

아는 만큼 보이며, 생각하고 열망하는 만큼 실천하게 되는

것이 돈 공부, 돈 습관의 본질이다.

Chapter 2

엄마의 단단한
돈 공부 습관

아는 만큼 하게 되는 재테크, 금융지능을 높여라

우리 삶에서 지속 가능하고 갑자기 불운이 닥쳐도 거뜬하게 견뎌낼 수 있는 힘. 이것이 바로 금융지능이 필요한 이유다.

습관과 태도의 한끗 차이

금융지능지수(FQ)라는 것이 있다. 금융(Financial)과 지수(Quotient)를 합친 신조어로 '금융이해력지수'라고도 한다. FQ는 감성지수(EQ)처럼 금융 분야에서 자신의 지성을 나타내는 태도나 특성을 말한다. 지성, 즉 아는 힘과 아는 것을 넘어 삶에서 보기 좋게 되도록 올곧게 실천해내는 이들, 자신의 삶을 지킬 줄 아는 노련한 이들이 바로 '아는 힘'을 적절히 잘 활용할 줄 아는 사람들일지도 모른다.

나는 정녕 '아는 힘'을 무기로 가지고 있는지 스스로 진지하게 물어보자. 살면서 힘든 순간이 닥쳤을 때 어디까지 방어하고 사랑하는 것들을 지켜나갈 수 있는지를, 나아가 모르는 걸 알려고 노력하고 아는 것을 넘어 최선을 다해 움직이고 노력하는 참된 시간을 얼마나 만드는지를 스스로에게 물어보자. 습관과 태도는 이런 생각의 한끝 차이일지 모른다.

돈의 세계는 냉정하다. 부는 나의 금융지능에 맞춰 흐른다. 물론 금융지능이 낮은데도 어쩌다 운이 좋아 부자가 되는 경우가 없다고는 할 수 없다. 하지만 그것이 얼마나 건강하게 유지될지는 장담할 수 없다. 지속 가능하고 불운이 닥쳐도 견뎌낼 수 있는 힘을 갖추는 것, 이것이 바로 금융지능이 필요한 이유다.

서울대를 졸업하는 게 답이 될 수 없는 시대

명문대를 졸업하고 대기업에 다니면서도 이른바 금융 문맹인 이들을 꽤 보았다. 심지어 은행의 기초적 금융 상품의 예금 이자에 이자소득세 14%와 지방소득세 1.4%를 합친 15.4%라는 세금이 붙는다는 사실조차 모르는 이들이 허다했다. 이는 금융교육이 없는 현실의 민낯을 보여주는 것인지도 모르겠다. 진정한 금융교육 부재가 얼마나 큰 빈부격차와 나아가 빈곤을 재생산하는지 사람들은 알까?

나는 이 15.4%라는 수치에 분개하곤 했다. 바로 예대마진(대출이자에서 예금이자를 뺀 나머지 부분) 때문이다. 은행은 고객들의 예대마진으로 먹고살 뿐만 아니라 일종의 '고리대금업'과 유사한 '사업'을 함으로써 금융이라는 자신들의 판을 유지한다.

　시중 금리는 터무니없이 낮아진 지 오래되었다. 그에 비해 서민들에게서 떼는 세금은 여전히 크다. 이게 모순 같지만 금융계가 돌아가는 현실이다. 사업비 영역이 큰 보험은 말할 것도 없다. 손 안 대고 코 푸는 게 결국 있는 이들에게는 가능한 싸움이 되기도 한다. 최소한 경제를 '활용'할 줄 아는 이들에게는 말이다.

　돈은 벌기도 힘들지만 지키기도 만만찮다. 무한경쟁 자본주의 시대에 덜 속고(?), 이른바 부자라고 하는 이들에 비해 더 벌어들이지 못한다 해도 최소한 그들이 알고 활용하는 돈의 원리와 부의 증식 규칙을 알아야 한다. 그래야 소중한 내 돈이 덜 휘둘린다. 냉혹한 현실에서 살아남으려면 방법은 의외로 간단하다. 버틸 수 있고 맞설 수 있는 힘을 기르면 된다.

금융지능 기본기, 은행을 파악하라

　농협, 신협, 새마을금고 등과 같은 금융기관은 각 지역의 조합 지점들이 따로 있다. 이들 지점에서 일정 금액을 지분으로 출자하거나 예탁하는 경우, 비과세 혜택을 받을 수 있는 상품들이 있다.

　물론 여기에는 가입 한도가 있는데, 출자금은 1인당 1천만 원까지이고 예탁금은 1인당 3천만 원까지만 종합과세 우대 혜택을 볼 수 있다. 이때 농특세 1.4%만 부여되는 과세 종합 우대저축이 있는데, 대부분 이를 적극 활용하는 줄 알지만 실상은 그렇지 않다.

이런 사실을 아예 모르는 이도 상당수라는 걸 나중에 알았다. 밥은 누가 떠먹여주면 안 된다. 스스로 떠서 먹어야 밥의 소중함과 참맛을 느낄 수 있다. 누가 떠먹여줘서 먹는 밥이 과연 얼마나 가치가 있고 맛이 있을까.

금융지능을 높이는 경제 공부

대학수학능력시험에서 만점을 받으려는 공부보다 살면서 가장 필요한 공부가 바로 돈 공부일지 모른다. 경제 공부는 누구에게나 꼭 필요하다. 아는 만큼 보이고 또 실천할 수 있는 용기가 생기니까 말이다. 나아가 돈에 무지한 이른바 금융 문맹이 결국 빚쟁이를 만들어내는 무서운 결과를 가져올 수도 있다는 걸 막연하게나마 안다면, 지금 당장 금융 문맹에서 벗어나려고 노력해야 한다.

그리고 그 노력은 그냥 해서는 안 된다. 여력이 되는 한 있는 힘껏 해야 한다. 그래야 결과까지 승률을 높일 수 있다. 그렇게 실천을 반복하며 작은 승리를 경험해나갈수록 자신은 물론 사랑하는 사람들을 지킬 수 있는 힘도 체득하게 된다. 실천을 반복하다 보면 최소한 경제적으로는 덜 위험하고 덜 불안한 시간을 보낼 수 있을 것이다.

| 아는 사람만 활용하는 금융 현실

혹시 이런 대출 문구를 보았는가? '은행에 방문하지 않아도 60초면 대출 가능.' 나는 이런 말이 때론 안타깝다.

요즘은 소액 대출도 참 쉬워졌다. 2017년에는 아예 인터넷전문은행이 등장하면서 은행을 군이 방문하지 않아도 대출이 가능한 비대면 상품이 쏟아졌다. 비대면 저축 상품도 늘어나는 추세이고 이미 시중에 널렸다. 클릭 몇 번으로 모든 게 가능한 시대라는 얘기다.

여기서 말하고자 하는 요지는 대출이 나쁘다는 게 아니다. 나쁜 건 그것을 레버리지 삼아서 철저히 준비된 투자 계획 아래 잘 활용하려는 '좋은 빚'이 아니라 단순히 돈이 돈을 쓰게 만드는 맥락 없는 '나쁜 빚'이 특히 금융 문맹인 이들에게, 보통 이제 막 돈에 눈을 뜨기 시작한 젊은 세대나 취약계층에게 몰린다는 것이다. 악순환이 시작되는 것이다.

간편한 대출 시장이 활기를 띠면서 청년들의 부채가 폭발적으로 늘어났다고 한다. 한국은행이 발표한 2~3년 내 통계자료에 따르면, 인터넷전문은행이 처음 등장한 2017년 30대 미만 청년 가구주의 평균 부채는 2,385만 원으로 전년 대비 약 50% 상승했다고 한다.

도대체 왜 이런 통계치가 나왔을까? 쉽게 수중에 들어오는 돈은 그만큼 쉽게 빠져나가며 더 큰 재앙으로 닥쳐올 수 있다는 무서움을 금융이해가 전무하다면 현실적으로 체감하지 못할지 모르니 이런 결과가 나오는 건 아닐까?

금융이해력은 건전한 금융 의사결정과 금융 참살이를 위해 요구되는 금융 인지, 지식, 기술, 태도, 행동의 합을 의미한다. 2019년 1월 한국은행과 금융감독원이 발표한 '2018년 전 국민 금융이해력 조사'에 따르면 20대(18~29세)의 금융이해력 점수는 61.8점으로 50대(63.1점)보다 낮았고, 60대 이상(59.6점)과도 크게 차이가 나지 않았다고 한다.

이들의 금융 지식은 평균 69점으로 전체 연령대 중 가장 높은 점수를 얻었지만 금융행위(58.4점)나 금융태도(57.7점)에서 상대적으로 낮은 점수를 기록했다고 한다(금융감독원, 2018년 12월 통계 수치). 즉 카드, 학자금 대출 등 본격적으로 경제 활동을 시작하는 나이이지만 그만큼 금융태도를 갖추지 못한 셈이라고 해석할 수 있지 않을까.

이는 온전히 개인의 잘못이라고 할 수는 없다. 언짢아도 냉정하게 보면 이미 '삼포 세대'를 거쳐 구직난에 최저시급조차 제대로 받지 못하는 취약계층이 여전하며 부익부빈익빈은 점점 커지는 추세다. 이때 금융 문맹으로 살면 결국 자본주의의 희생양으로 자리하는 게 현실이다.

경제교육 부재, 스스로 노력해야 한다

우리는 학교에서 경제교육을 받지 '못'하지만 사실은 학교에서 '안' 하고 있다. 하지만 이런 환경만 탓할 수도 없다. 어차피 한 번 사는 인생 잘 살고 싶다면 그만큼 스스로 노력하는 수밖에 없다.

모르면 배워야 한다. 그래도 모르면 계속 파고들어 알려고 해야 한다. 결국 경험해봐야 하고, 그 길이 아니다 싶으면 다른 길로 갈 줄 알아야 한다. 알고 경험하고 시행착오를 겪으면서 성장해나가는 것이다.

그런 면에서 실패가 반드시 나쁘기만 한 것은 아니라고 본다. 그렇게 경험이 쌓이는 게 삶이라는 인생의 과업일 텐데, 그 삶 속에서 좋은 기억이 나쁜 기억보다 더 많았으면 싶은 게 인간의 본능 아닌가.

살면서 돈은 정말 중요하다. 없는 것보다 있는 것이 더 큰 기회를 가져다주기도 하는 게 사실이다. 비싼 음식도 먹어본 사람이 그 가치를 알 수 있는 법이고, 그걸 꿈꿀 수도 있다.

이제는 토익 공부가 아니라 돈 공부를 해야 한다고 하는데 정말 적합한 표현이라고 본다. 토익 공부보다는 돈 공부, 경제 공부, 더 나아가 자신의 인생을 직접 설계해나가려는 삶 공부를 해서 꾸준히 자신만의 삶과 부자의 기준을 만들고, 체득한 지식과 습관을 잘 활용해서 삶의 만족도를 높여가야만 자신만의 방향을 잃어버리지 않을 수 있다.

금융 문맹에서도 탈출해야 더 잘 살 수 있다. 명문대 출신이 성공한다는 공식은 이미 깨졌다. 삶이 결코 대학교 간판으로 결정되지 않는다는 말이다. 물론 좀더 좋은 대학과 화려한 스펙으로 대기업에 들어가면 주수입은 더 많을 수 있을지라도 금융 문맹으로 제대로 관리하지 못하면 그 또한 말짱 도루묵이다.

반대로 대기업 간판보다 돈이 흐르는 시장이라는 치열한 현장 안에서 시간을 공들이고 자신을 갈고닦아 기회와 때를 보는 시간을 거친 이들은 직접 자신만의 세계를 천천히 만들어나간다. 또한 금융에도 노련해서 돈 관리를 해낸다. 부자의 세계 안에서는 이런 이들이 승리하는 게 당연한 것 아닐까.

금융지능은 생존과 연결된다

다소 과장일 수 있으나, 돈이 없어서 당장 오늘 먹을 물과 끼니조차 구할 수 없다고 생각해보자. 정말 비극적인 일이다. 돈이 없는 것은 삶의 존재 의미를 흔드는 커다란 문제다. 돈이 생존에 위협을 가할 수 있는 것이라면 더더욱 우리는 '돈'을 왜 가르치거나 알려고 필사적으로 움직이지 않는가?(학교 교육은 그래서 정말 아이러니하다고 할 수 있다. 살아가는 데 별 쓸데없는 것만 너무 많이 가르치는 것 같다.)

경제와 금융 공부를 하지 않거나 그쪽 방면의 문맹으로 계속 삶을 안일하게 맡겨두기엔 우리 삶은 너무 짧다. 내일을 예측할 수 있는 이들은 아무도 없다. 그렇기에 더더욱 최첨단 시대를 달리는 우리에게 돈 공부는 이제 선택이 아닌 필수다. 돈 공부는 인간다운 삶을 누리기 위해 우리가 해내야 할 최대의 공부라고 생각한다.

엄마의 금융지능을 높이는 사이트

금융감독원 금융교육센터	http://www.fss.or.kr/edu/main.jsp
국세청	https://www.nts.go.kr/
전국은행연합회	https://www.kfb.or.kr/main/main.php
금융소비자정보포털 파인	http://fine.fss.or.kr/main/index.jsp
금융감독원 통합비교공시시스템	http://finlife.fss.or.kr/main/main.do
전국은행연합회	https://www.kfb.or.kr/main/main.php
펀드다모아	http://fundamoa.kofia.or.kr/
기타 각종 경제신문 및 경제 칼럼	

근로소득을 최대한 더 많은 소득으로 만들어낼 수 있는 자기계발이든, 근로소득의 일정 부분을 자신만의 자본소득으로 만들어낼 수 있는 투자 활동이든, 밥벌이 전투에서 살아남아 자신만의 시장과 판을 만들어나가는 생산자로 향하는 멋진 과정이든, 일단 돈의 생태계를 아는 사람이 그만큼 시도하고 도전해서 결과도 더 잘 만들 수 있다.

중요한 건 자각이고 실천이고 경험이며, 도전과 시작의 반복이니 '생각은 결국 모든 것에 선행한다'는 내 삶의 모토는 변치 않는다. 금융 문맹이라고 판단되면 당장 박차고 나와서 뭐든 알려고 노력해야 한다.

경제를 모르는 당신에게도 감히 말씀드린다. 일단 시작부터 하라! 깨지고 부딪치고 위험에 빠져도 스스로 흔들리지 않는 믿음으로 소신껏 경제 공부를 할 준비로 책이라도 몇 권 더 읽고 그쪽 계통 기사에 관심을 쏟고 자기 삶을 매일 고민하는 일상을 살기를 바란다. 거기에 실행이 붙고 시간이 쌓이면서 결국 성장하는 것이다. 사실 별것 없다. 부자도 다들 그렇게 시작한다.

알면 알수록
세금은 당연히 덜 낸다

지방세를 공부하고 가계부에 실제 나가는 세금의 흐름을 기록하면서 그만큼 세금
공부에 관심을 두게 되었고, 세테크의 중요성을 깨닫게 되었다.

절세하려고 노력하는 부자들

부자들은 절세하려고 눈에 불을 켜고 세금 공부를 한다. 세테
크를 하려고 애쓴다는 말이다. 물론 권력을 쥔 더 큰 자본가들은
절세마저 다른 이들에게 하라고(세무사, 법무사 등) 맡기지만. 결국
부자들은 그만큼 세금을 챙기려고 한다는 말이다.

이렇듯 관리를 남에게 맡기지 못한다면 내 돈은 내가 지킬 수
밖에 없다. 돈을 지키고 싶어하는 자본가들은 세금 공부는 필수
라 생각하고 안간힘을 쓴다. 관련 책을 읽고 필요하면 상담을 받
는다. 그들은 비록 몇 푼에 불과하다 해도 세금을 줄이려고 에너
지를 쏟는다.

부동산으로 임대소득을 얻는 이들은 절세하려고 양도소득세라는 항목을 공부하고 지식을 쌓는다. 그들에게 세금 공부는 당연하다. 더군다나 피땀 흘려 마련한 소중한 임대소득이라는 현금 흐름을 좀더 튼튼하게 지켜내기 위해서라도 그들은 부동산 절세에 민감하다. 세금은 알면 알수록 덜 내고 그만큼 나의 순수자본을 지킬 수 있는 무기가 될 수 있기 때문이다.

그들은 매번 바뀌는 정부의 조세·세금 정책 등에 매우 민감하게 반응한다. 변하는 정보 하나라도 발 빠르게 얻으려고 애쓰는 이들이 바로 절세하는 부자들이다.

세금 공부도 계속해야 한다

나는 해마다 12월에 종합부동산세를 내기 시작하면서 세금에 본격적으로 관심을 두었다. 솔직히 그전까지만 해도 내가 벌어들이는 월급 안에서 어떤 명목으로 세금이 빠져나가는지 그다지 큰 관심이 없었다. 하지만 해마다 7월과 9월에 내는 주택분 재산세와 12월에 내는 종부세 지정 과세대상자가 되면서 힘들게 벌어서 모은 생돈이 세금으로 몇백만 원씩 빠져나가는 것을 보고 안 되겠다 싶었다. 지방세를 공부하고 가계부에 실제 나가는 세금의 흐름을 기록하면서 그만큼 세금 공부에 관심을 두고 세테크의 중요성을 깨닫게 되었다.

소득 종류에 따라 과세되는 것도 천차만별이다. 다음은 소득 종류에 따른 과세 적용 조건을 표로 정리한 것이다.

소득 종류에 따른 과세 방법

이자 · 배당소득	종합합산과세	연간 금융소득이 4천만 원을 초과해야 종합과세함
근로 · 사업소득		무조건 종합과세함
연금소득		연간 연금소득이 600만 원을 초과해야 종합과세함
기타소득		연간 소득금액이 300만 원을 초과해야 종합과세함
양도소득	분리과세	양도차익이 발생하면 독자적으로 과세함
퇴직소득		퇴직소득이 발생하면 독자적으로 과세함

세율은 크게 비례세율과 누진세율로 나뉜다. 물건값의 크기에 상관없이 무조건 10%를 과세하는 부가가치세가 비례세율의 대표적인 예다. 이에 반해 누진세율은 과세표준 구간에 따라 누진도를 달리하는 세율을 말한다. 흔히 종합소득세나 양도소득세, 기타 상속 및 증여세 등이 누진세율을 따른다.

나는 세테크 공부를 할 때 과세표준 구간을 아예 외워버릴 정도로 세금에 무척 민감했는데(여전히 머리 아프긴 하지만 어찌하겠는가), 돌이켜 생각해보면 꾸준히 그쪽 방면의 지식에 감각을 열어두려 애쓴 덕분에 금융맹에서 탈출하면서 자신감이 생겼던 것 같다.

공부하고 경험하는 시간이 차곡차곡 쌓일수록 '할 수 있다'는 자신감이 생긴다. 관심과 생각이 앞선다면 인터넷에서 키워드 검색을 하거나 관련 서적 몇 권만 완독하면 따라잡을 수 있는 분야이니 서두르지 말고 차분히 공부해보자.

다음은 2019년 기준 양도소득세율 기준이다. 이는 실무적으로 많이 사용하는 간편한 방법으로, 세테크를 달성하려는 사람은 반드시 기억해야 하니 되도록 외우기 바란다. 양도세 절세와 관련된 팁은 국세청 홈텍스의 절세 팁에 각 주택이나 토지 및 기타 절세 방법이 자세히 정리되어 있으니 정독해보면 좋겠다.

2019년 기준 양도소득세율

1년 미만	50%(단, 주택과 조합원 입주권 → 40%)
1년 이상~2년 미만	40%(단, 주택과 조합원 입주권 → 6~42%)

과세표준	세율	누진공제	가산세율
1,200만 원 이하	6%	-	
1,200만 원 초과~4,600만 원 이하	15%	(-) 108만 원	조정지역 내
4,600만 원 초과~8,800만 원 이하	24%	(-) 522만 원	• 2주택 이상
8,800만 원 초과~15,000만 원 이하	35%	(-) 1,490만 원	+10%
15,000만 원 초과~30,000만 원 이하	38%	(-) 1,940만 원	• 3주택 이상
30,000만 원 초과~50,000만 원 이하	40%	(-) 2,540만 원	+20%
50,000만 원 초과	42%	(-) 3,540만 원	

맞벌이 부부의 연말정산 세테크 꿀팁

다음은 맞벌이 부부인 내가 실천했던 기본적인 연말정산 팁이다.

첫째, 누구 신용카드를 사용할지는 연봉 차이에 따라 결정한다. 신용카드와 체크카드 소득공제는 결제액이 연봉의 1/4을 초과해야 적용받을 수 있다. 따라서 만약 각자 연봉이 비슷하다면, 소득이 좀더 적은 사람의 카드를 먼저 사용해 소득공제 문턱을 넘는 것이 좋다. 그러나 연봉 차이가 크다면 연봉이 많은 배우자의 카드를 처음부터 사용하는 것이 유리할 수 있는데, 이는 연봉에 따라 소득세율도 높아지기 때문이다.

소득 차이가 큰 부부의 경우에는 소득세율 구간을 꼭 확인해보는 것이 좋다. 특히 배우자 중 한 명이 사업자(기타소득자)일 경우에는 더 많은 세제혜택을 받을 수 있는 근로자 명의의 카드를 사용하는 것이 유리하다.

둘째, 자녀 공제는 한쪽으로 집중한다. 자녀는 한 명당 150만 원씩 기본으로 소득공제를 받는데, 6세 이하 자녀가 2명 이상이면 15만 원의 추가 세액공제를 받을 수 있다. 따라서 둘 이상의 자녀를 부부가 각각 한 명씩 공제받는다면 다자녀 추가 혜택을 못 받을 수 있으므로 부부 중 한쪽으로 몰아서 공제받는 것이 유리하다.

배우자와 인적 공제

*부모와 자녀 4명 인적 공제 가정

CASE 1

구분	남편	부인
총급여	7,000만 원	3,500만 원
인적 공제	750만 원	150만 원
세율	24%	15%
세부담 합계	757만 원	

CASE 2

구분	남편	부인
총급여	7,000만 원	3,500만 원
인적 공제	150만 원	750만 원
세율	24%	15%
세부담 합계	703만 원	

절세효과 **-54만 원**

셋째, 의료비 세액공제나 신용카드 소득공제의 경우, 다른 공제와 달리 최저사용금액 조건이 있기 때문에 종합소득이 적은 배우자가 지출하면 세금을 줄일 수 있다. 최저사용금액 이상을 사용해야 공제가 시작되고, 최저사용금액에 미달하면 공제를 전혀 받지 못하기 때문이다.

의료비 공제의 경우 지출액이 총급여의 3%를 초과할 때 그 초과분의 15%를 세액공제하므로 같은 의료비를 쓰더라도 급여가 많은 배우자보다 적은 배우자가 총급여의 3%를 초과하는 금액이 커지게 된다.

의료비나 신용카드 공제의 경우, 부부 연봉이 각각 8천만 원과 3,500만 원이라고 가정할 때, 자녀들을 위한 의료비로 연간 약 350만 원을 내고 신용카드를 2천만 원 썼다고 한다면, 결국 소득이 낮은 배우자가 공제하고 인적 공제는 적절히 배분해 소득이 높은 배우자가 더 받는다면 모든 공제항목을 소득이 높은 배우자에게 몰아준 경우보다 약 32만 원을 아낄 수 있다.

맞벌이 부부의 의료비 공제 사례

*의료비 지출액이 350만 원일 경우

연봉	남편(8,000만 원)	부인(3,500만 원)
최소사용 기준	8,000만 원×3% = 240만 원	3,500만 원×3% = 105만 원
의료비 공제액	(350만 원 − 240만 원)×15% = 16만 5천 원	(350만 원 − 105만 원)×15% = 36만 7천 원

절세효과 **-20만 2천 원**

의료비, 신용카드, 인적 공제를 배분할 경우

*자녀 의료비 350만 원, 신용카드 사용액 2천만 원 가정

모든 공제항목을 한쪽에 몰아준 경우			적절히 배분한 경우		
구분	남편	부인	구분	남편	부인
총급여	8,000만 원	3,500만 원	총급여	8,000만 원	3,500만 원
인적 공제	750만 원	150만 원	인적 공제	600만 원	300만 원
세율	24%	15%	세율	24%	15%
세부담 합계	943만 원		세부담 합계	911만 원	

절세효과 **-32만 원**

넷째, 안경이나 콘택트렌즈의 경우 연간 50만 원까지 의료비 지출액으로 인정된다. 만약 총급여가 4천만 원인 근로자가 간소화 서비스에서 확인되는 의료비로 약 100만 원을 지출했다면 연

말정산에서 공제받을 수 있는 세액이 없겠지만, 연말정산 간소화 서비스에 나오지 않는 안경과 같은 소비액 50만 원 영수증을 별도로 제출해 공제받는다면 약 4만 5천 원을 추가 공제받을 수 있다.

이렇듯 맞벌이 부부가 연말정산할 때 어떤 공제를 누가 받느냐에 따라 돌려받는 세금의 액수가 달라지므로 현명한 전략이 필요하다. 전체 공제항목을 부부 중 소득이 많은 쪽으로만 단순히 합칠 것이 아니라, 각 공제항목과 예상 세액을 모의계산해보며 꼼꼼히 비교하는 것이 세금을 덜 내고 더 환급받을 수 있는 가장 확실한 방법이다.

또한 기본 공제를 받는 배우자가 기본 공제자에 대한 다른 공제 항목도 함께 받게 된다는 점을 기억하고 기본 공제자를 상의해서 나누는 것이 좋다. 이마저 귀찮다면 연말정산 간소화 서비스에 의지할지 모르지만 시스템에도 나오지 않는 영수증 등 증빙자료는 납세자가 직접 챙겨야 하므로 이왕 절세하려면 이 정도 노력은 필요하지 않을까 생각한다.

물론 이렇게 세금을 환급받으려고 더 소비하기보다 덜 쓰고 덜 공제받는 것이 본질적인 방법의 하나라고 할 수 있다. 세테크는 어디까지나 부수적인 세금조차 재테크의 일환으로 활용하려는 것일 뿐이므로, 기본적으로는 수입의 극대화 또는 자산의 든든한 축적이 우선되어야 한다.

다음은 처음 세금 공부를 하며 가계부에 정리한 최소한의 기본 세목이다. 납부기간과 납부기한 그리고 세목을 확인하자. 또한 세법 개정안을 꼼꼼하게 살펴 수시로 바뀔 수 있는 정책에 대응하는 것이 최선이다.

세목별 지방세 납부

세목	납부방법	납부기간·납부기한
취 득 세	신고납부	취득일부터 60일 이내(상속: 상속개시일부터 6월 이내)
	보통징수	미신고 납부자에 대한 15일간 기한부여 부과고지
재 산 세	보통징수	정기분 7월(16~31) : 주택분 재산세 1/2 납부 / 건물분 재산세 전액 납부 9월(16~30) : 주택분 재산세 1/2 납부 / 토지분 재산세 전액 납부 ※ 주택분 재산세는 산출세액이 5만 원 이하일 경우 7월에 전액고지
		수시분 : 정기분 누락자에 대해 수시부과
지방소득세	보통징수	소득세분(미신고 납부자에 대한 수시부과고지)
	신고납부	법인세분 : 사업연도 종료일부터 4월 내
	특별징수	양도소득분 : 소득세 신고기간 만료일까지 (소득세와 동시징수)
		종합소득분 : 소득세 신고기간 만료일까지 (소득세와 동시징수)
		종업원분 : 다음 달 10일까지 당월분의 다음 달 10일까지 미신고 납부자에 대해 수시부과

주 민 세	신고납부	재산분 : 매년 7. 1~31
	보통징수	균등분(매년 8. 16~31) 미신고 납부자에 대해 수시부과
자동차세 (소유)	보통징수	정기분 : 제1기분(6. 16~30) / 제2기분(12. 16~31)
	신고납부	수시분 : 중고자동차 일할계산신청시 수시분과 정기분 누락자 1월/7월 수시부과 연세액일시납부(1, 3, 6, 9월) / 분할납부(3, 6, 9, 12월)
자동차세 (주행)	신고납부	교통세 납부기한과 동일(다음 달 말일)
등록면허세 (등록)	신고납부	등기·등록하기 전까지(등기·등록신청서 접수 전까지)
	보통징수	미신고 납부자에 대한 15일간 기한부여 부과고지
등록면허세 (면허)	신고납부	매년 1. 16~31
	보통징수	면허증서 교부받기 전에 등록면허세(면허) 납부
지방 교육세	신고납부	취득세·등록면허세(등록)·경주마권세·담배소비세 납부 기한까지
	보통징수	주민세(균등분)·재산세·자동차세(소유) 납부기한까지
담배 소비세	신고납부	다음 달 말일까지
	보통징수	수시부과사유(§62) 발생시 수시부과
레 저 세	신고납부	다음 달 10일까지
	보통징수	미신고 납부자에 대해 수시부과
지역자원 시설세	신고납부	16개 광역시도별 조례에 따라 다름
	보통징수	다음 달 10일, 또는 다음 달 말일까지(컨테이너 20일까지) 미신고 납부자에 대해 수시부과

모르면 독이 되는
보험 상품 공부하기

매달 자동이체로 보험료가 빠져나가는 보험은 대부분 '장기 납부' 상품이다. 지금이라도 가입해둔 보험을 점검해보자.

불안 대신 쓰는 지출, 보험

불안하면 돈을 더 쓰게 되는 것 같다. 그게 바로 불안 심리에 따른 소비다. 그런데 마음의 불안을 안정으로 바꾼다는 명목 아래 우리에게 접근하는 금융 상품이 바로 보험이다.

나는 보험이 언제 일어날지 모를 불확실성과 불안 심리를 담보로 가입하는 상품이라고 생각했다. 그래서 보험에 가입할 때도 꽤나 신중을 기했던 것 같다. 왜냐하면 꽤 장기적인 불입기간, 즉 장시간이 필요한 경주이기 때문이다.

보험은 가입하기는 쉬우나 불입 기간이 길기 때문에 그대로 계속 유지하기가 어렵다. 그런데 중도해지를 하면 쥐약이나 다름없는 게 바로 '보험'의 드러나지 않은 무서운 면이라는 사실을 알고 가입에 신중해야 한다.

보험, 기회비용을 반드시 따지자

앞으로 일어날 일을 미리 알 수 있는 사람은 이 세상에 없다. 그래서 지금 당장 눈에 보이는 것이 아니라 미래의 준비라는 명목 아래 투자하는 돈이라는 설계사들의 말에 현혹되다보면 자칫 종잣돈을 만들어 투자 활동을 병행하고 그 투자에 따른 이익을 볼 수 있는 '기회비용'을 잃어버릴지도 모른다. 따라서 보험에 가입해야 하는 진짜 이유부터 진지하게 생각해봐야 한다.

주변에 목돈 만들기에 온 힘을 다해도 모자랄 사회초년생 시절 섣불리 가입한 보험 상품 때문에 속병을 얻은 지인들이 있다. 그들의 사연을 들어보면 나도 짠하고 괜히 안타까워진다. 그러나 돈은 냉정하다. 중도해약을 해서 해지환급금이 원금의 몇 퍼센트밖에 되지 않는 사태를 맞아야 비로소 뼈아픈 후회를 한다. 그리고 금융 상품에 사인하기 전에 분명한 자산 목표와 기준이 있지 않았음을 그때서야 뒤늦게 반성할 것이다.

물론 보험에도 순기능이 있다. 보험은 큰 병에 걸렸을 때를 대비해 관심을 두고 잘 들어놓으면 효자 상품이 되기도 한다. 하지만 명심하고 또 명심해야 할 것은 명목이 좋은 보험도 내가 제대로 알고 투자하지 않는 이상, 내 자산을 갉아먹는 배신 상품이 될 수 있다는 사실이다.

불행을 피하려면 제대로 알아야 한다. 보험 상품뿐 아니라 모든 금융 상품에 사인하고 납부를 시작하는 것, 그리고 투자 활동을 벌이는 것은 모두 타인이 아니라 '나'의 선택에 따른 결과다.

금액이 아무리 소액이어도 10년 이상 불입할 수밖에 없는 장기 금융 상품일수록 더더욱 내 자산 목표가 뚜렷하게 세워져 있어야 덜 휘둘릴 수 있다. 자신의 기본적인 자산 포트폴리오를 스스로 잘 기준 짓고 따라야 비로소 지켜낼 수 있는 필드가 바로 보험이라고 본다.

보험에 속지 말고 다시 묻자

사회 초년생 시절, 엄마 친구였던 보험설계사가 내게 건넨 언짢았던 말이 지금도 생각난다. 그분은 있지도 않은 미래의 배우자와 가족의 신상을 걱정하면서 사망보험금, 암, 뇌경색, 수술 등 미래 불안 심리를 한껏 조성한 뒤 비로소 본색(?)을 드러냈다. 한 달에 몇십만 원을 20년 이상 납입하면 사망보험금은 기본이며 해당 병을 앓게 되어도 치료비와 입원비가 보장된다는 명목으로 상품 가입을 권유했다.

사업비는 말할 것도 없이 내 불입금이나 기타 추가 납부가 있지 않은 이상 너무 컸고, 중도해약하면 환급도 제대로 되지 않는 그야말로 소비성 보험 상품임을 뒤늦게 알게 되었다.

물론 일찍 준비해서 나쁠 건 없다. 그러나 당시 종잣돈과 투자 목돈을 마련하고자 하는 우선순위가 더 컸던 나로서는 아주 필수적인 실비와 연금저축성 보험을 제외하면 별로 필요하지 않아 가입을 거절했다.

나는 그때 알 권리를 주장했던 것 같다. 이해되지 않거나 모를 때마다 물었다. 최소한 보험 상품을 가입할 때만큼은 (따지고 보면 몇 개 가입하지도 않았지만) 하나하나 꼼꼼하게 따지고 들었던 것 같다.

"그 상품이 제게 주는 최대 특혜가 뭐라고 생각하세요? 저는 목돈이 더 필요한데 언제 죽을지 모르는 미래를 위해 제가 그 정도 불입을 하고 싶진 않거든요."

"해약시 중도 해약환급금이 카운팅되는 기준은 뭔가요? 시장 변동 금리를 따르나요? 그 미래 수익률을 운용사는 어떻게 만드는 거죠?"

"건강보험료가 제 기준에서 조금 많은 것 같은데 주액수를 차지하는 병목 리스트를 뽑아주실 수 있어요? 특약을 보고 제가 직접 불필요한 건 없애고 싶어서요."

지금 당장이라도 보험을 다시 보자

보험에서 중요한 건 불입액이 아니라 보험금이다. 매달 불입하는 보험료는 적을 수 있다. 그러나 오랜 시간 지나다보면 그게 큰돈이 된다.

매월 내는 보험료 30만 원이 중요한 게 아니다. 그 30만 원을 꾸준히 10년 이상 낸다는 약속 아래 내게 주어지는 납입보험료가 전체 우리 집 자산 수준에서 몇 퍼센트를 차지하는지와 그에 대해 어떤 조건의 보장을 최종적으로 받을 수 있는지를 언제나 우선하고 원칙적으로 관리해야 한다.

나는 결혼하고 가계부와 통장을 합친 이후 배우자의 보험료와 내 보험 내역을 모두 리스트화해서 현재 어떤 상품이 매달 얼마의 불입액을 차지하며 납부기간이 언제 종료되는지, 해당 종료기간에 환급 또는 받을 수 있는 보험금 내역이 얼마인지 상세히 기록하며 관리하고 있다.

어쩌면 진화된 가계부 버전의 순기능은 이처럼 소비 관리뿐 아니라 투자 나아가 보험 상품 관리도 해낼 수 있는 가계부가 아닐까 한다.

이미 가입한 보험 상품도 혹시 모르니 지금 당장이라도 다시 살펴보자. 그리고 가입할 때는 미처 알지 못했던 껄끄러운 점이나 이해하지 못하는 부분이 생긴다면 주저하지 말고 담당 PB나 보험설계를 맡았던 상담원에게 연락하자.

돈과 관련된 것은 무엇이든 모르면 물어서라도 알아야 한다. 그래서 내 돈은 내가 지켜야 한다. 백날 좋은 투자처를 찾는 것보다 있는 돈을 잘 지켜내는 것이 최고의 재테크다.

나만의 보험 관리표 정리

구분	불입 총 기간	금액 (월 불입액)	목적	필요 시기 (나이)	가입일	만기일	계약 보장 내용
실비							
건강성							
종신형							
저축형 연금							
어린이 보험							

쌍둥이 워킹맘의
틈새 북테크 전략

책의 중요성은 여기서 굳이 말하지 않아도 너무나 잘 알 것이다. 다만 책을 어떻게 일상의 습관으로 만드느냐와 책을 대하는 태도에 그 성패가 달린 것 같다.

책으로 딴짓하는 시간들

사람에게는 하지 말라고 하면 더 하고 싶어지는 얄궂은 심리가 있다. 아이가 태어나면서 주변인 및 가족들 대부분은 나에게 '육아 집중'을 권유했다.

틀린 말은 아니지만 여전히 꿈이라든지 이루고 싶은 것이라든지, '욕심'이 많았던 나에게 타인의 상투적 핀잔으로 느껴졌기에 여간 스트레스가 아니었다. 그래서 더 열심히 내면이 원하는 딴짓을 했던 것 같다.

단언컨대 당시 육아 스트레스를 모조리 글 또는 책으로 풀었다. 지금 생각해보면 먹는 거나 돈을 쓰는(소비와 낭비) 게 아닌 책으로 도망쳤던 그 시간이 더할 나위 없이 고맙다. 어쩌면 너무 힘들었기에 그 시간을 피하고만 싶었던 것 같다.

보이지는 않지만 어떻게 대하느냐에 따르는 태도와 그럼에도 잘 살고 싶다는 바람으로 방향과 기준만 제대로 잡아준다면 위기도 충분히 기회가 될 수 있다는 것을 시나브로 깨달았다. 주식을 사도 남들이 다 매수할 때 나는 매도할 줄 알고, 반대로 주가가 떨어져 남들이 매도할 때 나는 매수할 줄 아는 용기가 있어야 위기라고 생각하는 순간 기회를 잡고 결국 이익을 보는 것과 비슷하다고 할까.

책으로 일상 속 루틴함 쌓기

하루라도 책을 읽지 않으면 해야 할 일을 덜하고 찜찜하게 마무리짓는 것 같았다. 지금은 책을 읽는 행위가 일상 속에서 꽤 일정하게 작용하는 나만의 생활습관이 되었다. 이렇게 삶 속에서 최고 가성비를 자랑하는 '책'을 옆에 둘 수 있다는 것이 생각할수록 정말 감사하다.

따지고 보면 지금의 자산을 그리고 앞으로의 자본증식에서도 독서가 돈이 되기도 하는 이른바 '북테크'를 여전히 놓치지 않을 생각이다. 책은 비단 돈뿐 아니라 돈을 뛰어넘는 더 큰 부의 증식, 나아가 혼돈이 도사리는 삶에서도 나름의 질서와 중심을 잡는 데 더할 나위 없이 고마운 도구 역할을 톡톡히 해내고 있다. 이제 책은 내게 더할 나위 없이 소중한 벗이 되었다.

북테크에 대해 어렵게 생각하지 말길 바란다. 북테크는 쉽게 말해 돈으로 책이라는 매개체를 구매해서 시간과 노력을 들여 활자를 읽어냄으로써 지식을 쌓고, 그 지식을 실천으로 활용해 이익을 창출하는 일련의 행위를 의미한다.

그런데 여기에서 말하는 이익은 단순히 '돈'의 개념을 뛰어 넘는다. 정가 1만 5천 원짜리 책을 구매했을 때 15만 원, 나아가 1,500만 원 이상의 가치를 줄 수 있다는 말이다.

책은 어떤 행동을 할 때 좀더 유연하고 전문적인 스킬을 증진할 수 있는 지식을 주기도 하고, 대인관계를 잘하기 위한 관계 능력을 높여주거나 자기계발에 동기부여를 할 수 있게 도와주기도 한다.

책은 또한 특정 분야의 지식 습득을 계기로 거시적으로는 나의 꿈, 나의 인생이라는 목표에 대한 강한 열정과 자존감 그리고 행동력까지 증진할 수 있다. 이처럼 다양한 관점의 이익을 북테크로 얻을 수 있다. 정가 1만 5천 원짜리 책을 구매해서 한 번 읽고 중고서점에 내다 파는 식의 단편적이고 편협한 북테크는 북테크라고 말하지도 않는다.

읽을 수 있는 것은 모조리 읽어라

옛 현인은 '수불석권(手不釋卷)'이라고 했다. 손에서 책을 놓지 않고 언제 어디서나 열심히 독서를 하라는 말은 어쩌면 너무 뻔하고 상투적으로 느껴질 수 있다.

그러나 이 뻔한 진리가 본질이고 기본이 될 수 있다는 것을, 이미 읽고 쓰는 삶을 살고 있는 나로서는 맹신할 수밖에 없다. 책으로 구원을 받았고, 책으로 힐링을 했으며, 책 속에서 지식적인 답을 구하고 찾아보기도 했던 나로서는 펼치면 열리는 책이라는 위대한 선물의 힘을 믿기 때문이다.

책의 중요성을 무시하는 이들은 없을 것이다. 다만 독서를 어떻게 일상의 습관으로 만들고 책을 어떻게 대하느냐에 성패가 달린 듯싶다. 개인 경험이지만 일과 육아를 병행하면서도(진득하게 앉아 책 읽을 시간은 언제나 부족하다) 어떻게 한 달에 20권 정도 되는 책을 매달 꾸준히 읽을 수 있는지에 대한 나름의 꿀팁을 공개하면 다음과 같다.

쌍둥이 엄마의 틈새 독서 꿀팁 5가지

누구나 실천 가능하고 효과가 큰 틈새 독서 꿀팁을 5가지 소개하겠다.

첫째, 늘 책이 노출되도록 집 안 여기저기에 책을 비치해둔다.

예를 들어 화장실에 한 권, 식탁에 한 권, 가방에 한 권 하는 식으로 읽다 만 책이 곳곳에서 눈에 들어오면 한 페이지라도 더 읽게 된다. 더군다나 돈 벌어주는 책이라면 더욱 눈에 불을 켜고 읽게 되지 않을까.

둘째, 나만의 독서시간을 정해두고 그 시간에는 한 페이지라도 읽으려고 노력한다. 예를 들어 아침 이른 출근을 하면서 15분, 점심시간 1시간(이는 평일에나 가능하다. 주말에는 더 고된 육아가 기다린다), 아이들을 재우며 같이 잠들지 않았을 때는 무조건 1시간 하는 식으로 나만의 깨어 있는 시간에 책 읽기를 일과 시간에 못 박아둔다.

셋째, 읽고 싶은 책 목록을 미리 뽑아둔다. 사실 책을 읽는 습관이 조금씩 체득되다보면 관심이 있거나 관련 분야의 책을 꼬리에 꼬리를 물면서 읽게 되는 경향이 있다. 즉 습관으로 조금씩 물들여지면 결국 읽겠다고 마음먹지 않아도 어느새 손에 책을 들고 있는 나와 마주하게 될 것이다.

넷째, 의지를 가진다. 모든 건 의지에 달렸으며 의지와 생각이 모든 행동에 선행한다. 책이 내 인생을 바꿔줄 수 있는 또는 삶의 유일한 오아시스이자 돌파구라고 생각하는 사람들은 결국 읽게 되어 있다.

다섯째, 읽은 책은 기록한다. 오래 기억하고 싶은 책은 되도록 열심히 서평으로 남긴다. 기록으로 기억을 남기다보면 어느새 내 이야기를 쓰기도 했고, 명문장을 복기하거나 필사하는 순간 책에서 얻을 수 있는 각종 정보 또는 삶의 가르침이나 교훈이 더 잘 와닿기도 했다.

서평으로 발행 콘텐츠의 조회수가 올라간 덕에 출판사에서 책을 선물받기도 하는 일거양득의 기쁨까지 누릴 수 있었으니 나로선 글로 소득을 창출하기도 하고(이른바 글로소득) 그에 따라 강의료라는 부수입까지 얻을 수 있었다.

책으로 연결되는 소중한 네트워크

북테크를 하면서 가장 감사한 것은 책을 쓰는 사람이 되었다는 것, 책을 통해 만날 수 있었던 좋은 인연이 생겼다는 것이다. 좋아하는 필드에서 네트워크를 확장해나가는 삶의 즐거움은 '꿀' 같다.

매일 아침과 저녁 책을 인증하는 '북모닝 북나잇 독서모임', 경제와 경영은 물론 부자들의 습관을 다룬 책을 같이 읽고 일상에서 실천하라고 독려해주는 '리치해빗 북클럽', 직장생활에서도 놀이터 같은 마음으로 노동현장의 힐링처 역할을 실험해보는 'Play ground'가 현재 운영중인 독서 모임이다.

아마 일과 육아'만' 했다면 삶의 기억과 추억은 단편적이었을 것이다. 이런 활동에서 다른 사람들의 삶을 더 알차고 즐겁게 이

끌어가도록 서로 응원을 주고받으면서 동반 성장한다는 느낌을 쌓다보니, 이 시간이 천천히 삶의 풍요로움을 쌓는 부자의 시간으로 느껴진다.

이렇게 사는 것에 감사하고 돈 말고 더 커다란 부분에서 풍요로움과 더불어 보람 있는 삶의 시간을 만들고 또 채워나가고 있음을 생각하다 보면 새삼 없던 자신감마저 불러일으키게 된다.

나는 지금 어린 쌍둥이를 키우느라 절대 시간에 쫓기면서도 틈틈이 독서를 해내고 있다. 그러니 당신도 얼마든지 해낼 수 있다. 중요한 건 필요성과 의지 그리고 마음가짐이다. 당신 마음이 뜨겁게 움직이기 시작했다면 오늘 당장 시작해보자. 북모닝, 북나잇! 그래서 좋은 시작과 끝이 함께하기를 바란다.

결혼 전 1인 재테크에서 결혼해서 4인 가족 맞벌이 부부가

된 이후 월급과 부채, 시간과 재무목표에 따른 돈 공부와 돈

관리 습관에 대한 이야기를 3장에 담았다. 함께 벌어 잘살

수밖에 없는 부부 간 재무 대화와 관리의 중요성을 시작으

로, 재무 목표를 달성하기 위한 꾸준한 관리와 습관의 중요

성을 특히 강조한다.

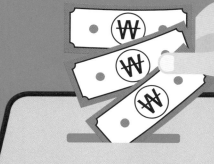

Chapter 3

엄마의 풍요로운
돈 관리 습관

부부가 함께 월급을 관리해야 잘산다

부부의 통장을 서로 함께 정리하면서 목표를 같이 만들어가다보면 부부라는 일체
감과 더불어 물리적인 통장 관리의 효율성도 커질 수 있다.

둘이서 함께하면 덜 힘들다

맞벌이든 외벌이든 '부부'로 맺어진 가족구성원이라면 두 사람이 같이 투명하게 자산흐름과 현황을 체크하며 재무목표를 합치해나가는 과정이 반드시 있으면 좋겠다. 그래야 진정으로 몇 배속 잘사는 부부의 통장이 될 수 있기 때문이다.

실제로 맞벌이 가정인데도 월급이나 투자, 소비 관리가 제대로 되지 않아 통장이 순식간에 '텅장'이 되는 집이 있다. 반대로 외벌이여도 합리적인 소비 습관, 관리와 더불어 현재 축적된 자산 흐름을 부부가 누구보다 서로 잘 이해하고, 그렇게 한마음 한뜻으로 뚜렷한 목표를 향해 합심하는 집이 있다.

이들은 전자에 비해 벌어들이는 수입은 적어도 훨씬 튼튼하고 건강하게 자산을 관리한다. 그래서 결국 잘사는 부부는 더 잘사는 부부로 거듭난다.

물론 제일 빠르고 덜 힘든 것은 둘이 함께 벌어서 모으고 굴리며 살뜰하게 우리 집 자산을 지켜내는 것일지 모르겠다. 부부라면 최소한 그래야 하지 않을까.

사랑해서 결혼했지만 돈 때문에 다투는 악순환만큼 비극적인 것도 없다. 이런 일은 서로 미리 방지해야 더 기쁘고 덜 불행한 결혼생활을 지속할 수 있다. 그래서 무엇보다 투명하게 관리되어야 하는 것이 바로 부부의 통장이라고 감히 말한다.

그렇게 서로 수입과 지출의 흐름을 공개하고 의견을 교환하면 '신뢰'도 확고히 쌓이게 마련이다. 어쩌면 그 신뢰를 바탕으로 비로소 두 사람은 진짜 부부가 되었다고 볼 수 있는 건 아닐까.

두 사람이 합심해서 관리했을 때 마법처럼 돈을 모으는 속도도 방향도 건강하게 가속도가 붙는다. 멀리 가려면 함께 가라고 했던 말은 이와 일맥상통한다.

결혼하기 전 1억 원을 모으기까지 약 3.5년이 걸린 나는 결혼한 후에는 한 사람의 월급이 두 사람의 월급으로 순식간에 불어나는 감사한 시간과 마주했다.

무엇보다도 배우자에게 무척 고맙다고 생각한다. 그는 그동안 열심히 일하고 저축해서 자산을 모으고 땅을 살 생각까지 한 기특한 사람이다. 그런 가족구성원에게 일조하기 위해서라도 나는 통장을 묶어서 모든 자산 증축을 극대화해나가고 싶었다.

특히 아이가 없는 기혼 상태는 종잣돈과 투자금 마련에 박차를 가할 수 있는 최고 기간이다. 사실 아이가 생기면 그만큼 소비가 늘게 된다. 게다가 육아를 해내면서 재테크나 투자 활동을 병행하는 것은 웬만한 의지가 아니고는 쉽지 않다는 걸 은연중 불안함으로 감지했다. (그리고 훗날 이런 내 직감은 맞아떨어졌다.)

둘이 더 잘사는 재무 습관을 함께 기르기

부부의 통장 합치기에도 적절한 목표와 건강한 재무 습관이 필요하다. 특히 둘이 합가한 이후 생애주기별로 예상되는 가정 내 이벤트별 필요한 목표 자금에 맞는 투자성 통장이나 금융 상품 통장을 개설하는 등의 작업을 해야 한다.

실제로 부부 통장을 함께 정리하며 목표를 같이 만들어가다보면 진정으로 우리가 결혼해서 한 가정을 꾸렸다는 생각과 더불어 물리적인 통장 관리의 효율성도 증대될 수 있다. 반대로 있는지 없는지도 모르는 각자 통장으로는 돈 관리가 투명해지는 건 둘째 치고 자산흐름 잡기도 잘되지 않는다.

우리 부부는 크게 통장 4개로 자금이 흐르게끔 초기 재무 세팅을 했다.

- **월급통장** 주수입통장을 말한다. 주로 월급날 고정 및 변동 저축성 통장과 소비통장으로 유입시킨다.
- **주저축통장** 투자통장을 말한다. 보통 고정적금과 펀드 등 금융 상품으로 예치성 통장이다.
- **소비통장** 말 그대로 체크카드의 현금이 들어 있는 소비통장을 말한다. 주로 시중 은행의 수시 입출금 통장 중에서 CMA성 계좌를 이용하는데, 소액이어도 이자 금리를 고려한 통장을 사용한다.
- **비상금통장** 예상치 못하게 필요한 돈은 소비든 투자든 모두이 비상금통장에서 사용한다. 보통 부부의 두세 달치 월급이 들어 있다. 가정의 달이나 부모님에게 용돈을 많이 드려야 하는 명절 등이 들어 있는 달에는 비상금통장에서 소비가 이뤄지도록 한다.

특히 비환급성 건강보험이나 아주 오랜 시간 이후 환급되는 저축성 연금보험 상품 등의 돈도 모두 소비라고 생각한다. 나는 소비의 범위를 다소 보수적으로 설정했는데, 그 이유는 자칫 보험을 저축이라고 인식해서 현재 우리가 저축이나 미래를 위한 투자를 한다고 생각하는 것을 경계하기 위함이었다.

나는 보험이 투자라고 보는 건 착각이라고 생각한다. 보험은 말 그대로 불안을 안심으로 바꾸려는 일종의 소비 항목이다. 그리고 너무 먼 시간이 아닌 단시간 내에 내 주머니에 흘러오는 현금만이 진성 자본이라고 보는 편이라 언제나 보험 상품을 경계한다. 부부 통장을 합체하면서 우리가 제일 치열하게 재무 대화를 했던 것도 바로 보험 상품이었다.

많든 적든 돈이 유입되거나 소비되는 흐름을 부부가 된 이후에도 꾸준히 우리 집 가계부에 세팅해서 한 달에 한 번 정도 우리 집 자산흐름을 배우자와 공유하고 의견을 듣는 습관을 신혼 초부터 길러나갔다. 그 덕에 되도록 경제 관심에서 일치되는 의견 또는 반대되는 의견에 대해서도 꾸준히 재무 대화를 할 수 있었고, 경제적인 면에서는 신뢰가 형성되었다. 그렇게 부부 통장은 서로 방향을 만들어나가야 진정으로 가속도가 붙을 수 있다. 그리고 비로소 두 사람의 자산도 부부가 된다.

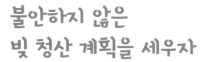불안하지 않은 빚 청산 계획을 세우자

빚은 매우 중요하다. 어떤 자산이나 소비 관리보다 철저한 계획 아래 자신만의 부채 정산 계획을 꼼꼼히 세워서 관리해야 한다.

레버리지는 잘 세우면 약, 못 세우면 독

셰익스피어의 희곡 중 하나인 『베니스의 상인』에는 부채와 관련된 일화가 잘 묘사되어 있다. 여기에는 인덕은 좋지만 자신의 재산이나 지출을 적절하게 관리하지 못해 빚에 빠지고 결국 친구 생명을 위태롭게 하는 바사니오라는 인물이 나온다. 바사니오는 여자 친구가 있는 곳을 방문하는 비용을 마련하려고 친구 안토니오를 통해 고리대금업자 샤일록에게서 돈을 빌린다.

평소 바사니오와 안토니오를 못마땅하게 생각하던 샤일록은 돈을 빌려줄 때 만약 갚지 못하면 안토니오의 살을 1파운드 베겠다는 약속을 한다. 안토니오의 살 1파운드가 돈을 빌리는 데 필요한 담보였던 셈이다.

이 이야기의 결론은? 결국 바사니오의 여자 친구 포오샤의 지혜로 살이 뜯겨 나갈 뻔한 안토니오의 생명을 구하고 모든 것이 잘 해결되는 것으로 끝난다. 그러나 스토리 전반적으로 보면 바사니오라는 인물의 방탕한 생활과 수입을 넘어선 과도한 지출이 자신의 재산을 모두 날린 것은 물론이고 친한 친구 안토니오의 생명까지도 위태롭게 했다.

이른바 좋은 빚을 지렛대 효과로 이용한다는 레버리지 효과가 있다. 이를 긍정적으로 맹신하지 않는 나로서는 관리되지 못하는 부채의 무서움을 언제나 마음에서 쉽게 지울 수 없다. 위험함과 더불어 불안 심리마저 일으킬 수 있는 부채는 어떤 자산이나 소비 관리보다 철저한 계획 아래 자신만의 채무 정산 계획을 꼼꼼히 세워 관리해야 한다.

부채 관리, 금리와 기회비용 따지기

내 생에 최초 대출은 신혼 초 우리 집을 마련하면서 시작되었다. 가계부를 관리해왔던 나로서는 당연히 빚이라는 대출이 생긴 전후로 담보대출 상환 방법부터 시작해 관리를 되도록 일찍 하려고 애썼다. 빚은 피할 수 없다면 반드시 관리라도 해야 한다.

빚과 비상금이 동시에 있던 우리는 우선 종잣돈을 최대한 끌어모아 비상금을 마련해 빚을 청산하고자 했다. 대출 금리가 투자 금리를 이기지 못하기 때문이다. 아무리 생각해봐도 답은 똑같았다. 목돈으로 빚을 먼저 상환하고 동시에 저축액을 늘려나가는 것이 그 당시 내가 할 수 있는 가장 현명한 방법이라고 판단했다.

부채 관리의 핵심은 바로 여기에 있었다. 금리와 기회비용을 생각해야 한다. 그리고 둘 다 계산해본다. 그렇게 순서대로 움직여야 한다. 즉 투자 금리보다 대출 금리가 높으면 당연히 대출을 먼저 상환해야 한다. 대출 안에서도 금리가 높은 대출인 이른바 신용카드나 사채 같은 카드 대출은 있는 것만으로도 부담스럽지만 만약 있다면 상환 계획을 철저히 세워 먼저 청산해야 한다.

물론 대출 금리를 뛰어넘는 투자처에서 금리를 웃돌고도 환급받을 수 있는 투자 활동을 병행한다면, 내가 그럴 수 있는 사람으로 준비되어 있다면, 굳이 빠른 시일 안에 대출금을 상환할 필요는 없다.

재무 계획은 언제나 비교와 계획 그리고 계산속에서 유동적으로 변해야 한다. 그리고 제일 중요한 핵심은 내가 어떤 유형의 사람인지 스스로 아는 것이다. 이른바 빚지고는 도저히 마음 편하게 살지 못하는 유형이라면, 근저당이 있는 집을 담보로 레버리지 효과를 이루려는 것에 자신감이 그다지 크지 않다면, 좀더 기회를 보고 때를 기다려야 한다.

남들은 다 레버리지를 이용해 돈을 불린다고 조장하는 사회 분위기에서도 중심을 잡을 수 있어야 한다. 그런 사람은 자신만의 기준으로 부를 만들어 증식할 수 있다.

빚은 감당할 수 있는 범위 안에서

우리 부부는 만약 부채를 져야 한다면 감당할 수 있을 정도만 되도록 약속했다. 사실 대한민국에서 주택의 의미는 대단히 특별한데, 거주지 이외의 집으로 투자가 이렇게 성행하는 국가가 흔할까 싶다.

전 세계에서 레버리지를 적극 극대화하며 때로는 투기마저 조장하는 이른바 부동산 대공화국은 우리나라 말고는 없을 것이다. 투자 목적이든 거주 목적이든 주택마련을 위한 대출이더라도 가계 재정에 큰 타격과 부담이 되지 않는 상환과 투자 계획을 철저히 세워 되도록 저금리로 대출을 받아야 한다.

또한 가능하면 중간에 낮은 금리로 갈아탈 수 있도록 시장 금리에 시시때때로 주목해야 한다. 금리가 오르면 이자를 갚기에도 벅찰 수 있기 때문이다. 고정금리 상품으로 갈아타는 방법도 금리 상승기에는 고려할 수 있는 방법 중 하나다. 그러나 일반적으로 고정금리는 변동금리보다 대출 금리가 높고 중간에 갈아타기 위한 수수료 등도 발생할 수 있기 때문에 신중히 선택해야 한다.

대출 금리 4%로 2억 원의 수익성 부동산을 구입해서 매월 6%의 임대료 수익을 낼 수 있다면 기타 비용을 제외하더라도 소액이지만 현금흐름을 생산할 수 있는 이익 구조 중 하나일 수 있다. 그러나 명심할 점은 대출 금리와 미래에 벌어들일 수 있는 수익 금리를 철저히 관리하고 계산해서 집행되게 투자해야 한다는 것이다.

결국 풍요로운 돈과 자산도 '관리'하지 않으면 사상누각임을 명심해야 한다. 이른바 빚으로 '빛'을 보는 법을 부자들은 잘 알 것이다. 이로써 그들은 지금도 자산을 불려나갈지도 모른다.

이것은 이른바 돈을 벌기 위해 빚을 활용하는 것인데, 그 빚을 '잘' 활용하고 언제나 그랬듯이 자기 성향에 맞게 부의 기준을 세워 남들을 따라가지 않고 남들과 다른 선택을 할 수 있는 용기가 있어야 한다. 그리고 정성껏 자기 시간을 공들이는 과정에서 나름대로 치열한 전략을 세워야 한다. 그렇게 해야 언제 흔들릴지 모르는 빚만 쌓이는 허울 좋은 부의 증식이 아닌 진정으로 탄탄한 부를 만들 수 있다.

시간을 꾸준히 관리하고
만들어나가자

인생 최고의 비밀은 시간이다. 하루라는 시간 자산의 단지 1%인 15분만 투자해서
현존 시간의 2배 이상 가치로 활용할 수 있다.

시간을 더 가질 수 있는 사람은 없다

요즘 들어 시간의 중요함을 더 체감하고 있다. 남들보다 한 시
간이라도 더 있다면 조금 더 읽고 쓸 수 있을 것 같다. 아니면 최
소한 수면시간이라도 확보되어 체력을 그만큼 단련해 뭐라도 생
산적으로 일궈나갈 수 있을 것 같다. 그러나 이는 모두 아쉬움만
남는 생각이다. 물리적으로 다른 이들보다 한 시간을 '더' 받는
건 불가능하다는 사실을 잘 안다. 시간은 모든 사람에게 공평하
니까 말이다.

하루 24시간은 부자라고 해서, 빈자라고 해서 누가 더 많이 쥐
고 누가 덜 받는 문제가 아니다. 대통령도, 백수도, 학생도, 직장

인도, 자영업자도 모두 하루에 24시간을 선물받는다. 만약 한 시간당 1만 원씩 벌 수 있다면 우리는 매일 24만 원씩 입금되는 마법의 통장을 가지고 있는 셈이다.

이 24만 원은 완벽히 공평한 재산이다. 이런 관점에서 볼 때 우리는 모두 시간 부자로 똑같은 삶을 시작하지만 그 결과는 천차만별이다. 여전히 24만 원의 인생이 있고 2만 원의 인생도 있는 반면 20억 원, 200억 원의 인생이 될 수도 있게 삶은 변한다. 그리고 그런 변화를 만드는 건 다름 아닌 '나의 시간'과 운일지 모른다.

운은 누가 건드릴 수 없는 영역이기에 받아들인다고 치면 우리가 관리할 수 있는 영역은 오직 하나, 바로 '시간'이다. 이 시간을 어떻게 채우며 사느냐에 따라 24시간, 24만 원의 가치는 완전히 달라진다. 이는 정말 무섭고도 중요한 기본법칙이고 진리다.

시간에도 소비, 낭비, 투자가 있다

삶의 가장 의미 있는 가치 투자인 '시간'을 위해 하루에 얼마를 투자하는가? 투자는커녕 물 틀어놓듯 그냥 흘리는 건 아닌가? '받아들인다, 인정한다, 욜로한다, 소확행한다, 나는 지금 아무것도 가진 게 없다, 생은 한 번뿐이니 즐기고 산다'고 말하면서 말이다.

물론 즐기는 게 꼭 나쁜 것은 아니다. 다만 할 건 하고 즐겨야 진짜 엔조이 라이프가 만들어질 수 있다는 걸 우리는 얼마나 진지하게 생각하는가?

부의 세계에서는 자기합리화라는 영악한 친구를 곁에 많이 두면 둘수록 얻는 게 없는 것 같다. 돈은 내가 어디에 있어야 할지 아는 것 같으니까 말이다. 돈은 자기 주인이 누구인지를 안다는 얘기다. 그렇게 부는 자기가 어디에 있어야 하는지를 알고 멀어지든 가까워지든 한다.

시간이 필요하다면 그걸 어떡해서든 채워넣거나 만들어나가는 사람과 주어진 시간을 그냥 '남들 사는 만큼'이라며 안주하는 마음으로 흘리듯이 소비하고 마는 사람 중 어디에 부가 더 잘 붙을까?

당연히 전자다. 그러나 전자라 해도 운이라는 영역에서 참패하면 부의 세계에 들어가지 못할 수도 있다. 그는 대신 부보다 더 소중하고 중요한 세계의 비밀을 알게 될지도 모른다.

바로 '시간'이 주는 고귀한 선물의 진정한 가치를 깨닫고, 자신이 쌓아올린 정성 어린 시간 덕분에 큰 부를 얻지는 못해도 삶 자체는 어느 자본가 못지않게 근사하게 살아낼 줄 아는 이로 성장하지 않을까? 그리하여 죽기 전에 "잘 살았다"고 말할 수 있는 사람이라면 이 또한 부자가 아닐까?

남는 건 삶이라는 시간 속 행복한 부자

만약 누군가 내 돈의 1%를 투자해서 전체 자산을 2배로 늘려 준다면 당신은 1%를 투자하겠는가? 당연히 누구나 투자한다고 할 것이다. 그렇다면 시간이라는 관점에서는 어떨까?

하루 총시간의 1%를 투자하는 것이다. 이를 계산하면 얼마나 나올까? 하루 24시간, 즉 하루 총시간 중 1%는 14.4분으로 하루 약 15분이라는 마법의 숫자를 볼 수 있다. 이것이 중요하다. 우리가 간과하는 최고 비밀은 바로 시간이다. 하루라는 시간 자산의 1%인 15분을 투자해 현존 시간의 2배 이상 가치로 활용할 수 있다는 것을 말이다.

가끔 어떤 계획을 해서 소비하거나 자산을 불려나가는 일련의 과정에 에너지를 쏟는 시간을 아깝다고 생각하는 사람을 본다. 인생을 너무 계획적으로 사는 게 아니냐는 시샘 어린 안부인사와 함께 말이다.

따지고 보면 타인의 삶에 그런 무례한 말도 없지 않나 싶다. 남의 속사정을 모르고 하는 언사는 언제나 예의가 없다. 그렇게 타인에게 예의가 없는 이들을 부도 그리 좋아하지 않는다. 그들은 타인에 대해 왈가왈부하며 정작 자기 삶이 어떻게 흘러가는지 별 관심 없이 기준을 언제나 '타인'에게 두기 때문이다. 소신 없이 흔들리기 쉬운 사람이라는 말이다. 그런 사람에게 돈이 사랑을 줄 리 만무하다.

하루 1%, 시간의 재발견

당신이 경제적 자유를 갈망하지만 현재 수중에 있는 것은 전혀 없다고 생각한다면, 이때 활용할 수 있는 최선의 투자처는 바로 '시간'이 아닐까 싶다. 하루의 1%인 15분을 투자해보자. 나는 여전히 이 1%의 기적을 믿는다.

아침에 '미라클 모닝'과 같은 나만의 아침 미션을 수행한다. 특히 일상의 과업이 흐트러지지 않게 하기 위해 되도록 평일 아침 일찍 출근하면서 하루 기분을 좋게 만들려고 의식적으로 하는 나만의 과업을 세팅한다. 보통 기록과 확언 그리고 바라는 장면을 상상하는 것으로 하루를 시작하는 나는 (좀 엉뚱하지만 상상을 즐기는 편이다) 아주 사소하지만 그날 해내야 할 것, 하고 싶은 것, 하지 않아야 할 것 등 크게 세 항목을 다이어리에 기록한다. 그날의 방향을 아침에 정하는 것이다.

그렇게 시작하는 하루 24시간이라는 나의 세계는 왠지 모르게 질서정연하게 정돈되어 제대로 흘러간다는 느낌을 준다. 동시에 오늘이라는 24시간의 방향감을 갖게 해준다. 커다란 배의 방향을 좌우하는 키 같은 것처럼 느껴진다.

아무리 큰 배라도 방향을 좌우하는 것은 그 작은 부품이라는 사실을 잊어서는 안 되는 것과 마찬가지다. 혼돈 속 세상에 놓여 있다 할지라도 스스로 질서라는 해독제를 마시려 노력하면, 결국 그 혼돈이 잠들고 다시 고요함이 찾아오는 것과 같은 이치랄까.

부는 그냥 따라오지 않는다

부의 세계만 놓고 보면 부자라는 사람들은 선행 계획을 세우고 방향을 정하는 게 당연한 순서처럼 즐긴다. 그들은 남들보다 더 신중하게 시간을 관리하며 그렇게 끊임없이 시간을 스스로 삶에 투자해나간다.

부자들은 삶에서 소중한 것의 우선순위를 철저히 안다. 그리고 나도 현재 그 '부자'의 습관을 몸에 체득하고 일상으로 만들어보고자 노력한다. 이것이 굳이 물리적인 부의 증식으로 눈에 보이지 않더라도, 이미 내 삶 자체가 풍요로워짐을 나도 모르게 느낄 때면 절로 미소가 지어진다. 돈이 있어도 웃지 못하는 삶과 돈이 많지 않아도 웃는 삶 중 후자가 진정한 부자의 삶이 아닐까? 물론 돈이 있고 웃을 수 있는 삶이면 금상첨화겠지만 말이다.

스스로 시간의 주인으로서 삶을 선택하는 데 자유가 있다고 생각하며 산다고 자부하는 순간, 비로소 삶이 완성되는 느낌이 들지 않을까? 그리고 그 느낌은 뭘 해도 잘될 것 같은 자신감마저 불러일으킨다. 그렇게 긍정적인 감정이 일상 곳곳에서 불어나면 결국 삶의 주인으로서 주체적이고 주도적으로 시간을 채워나가게 된다.

삶에서 나도, 내 시간도 그리고 흐르는 내 돈도 잃어버리지 않고 싶은가? 그렇다면 나의 시간을, 자유를, 사랑을, 마음을 그리고 인생을 놓치지 말아야 한다.

인생을 2배 이상의 만족도로 사는 사람들을 흔히 '시간 부자'라고 한다. 그리고 나는 이제 경제적 자유와 더불어 시간 부자가 되기 위해, 일상 속 시간을 주도적이고 주체적으로 통제해나가기 위해 오늘도 한 걸음 나아가려 한다.

읽고 쓰면서, 그리고 마음에서 그려나가는 멋진 장면을 여전히 강렬히 열망하면서 오늘이라는 24시간도 함부로 소비하거나 낭비하고 싶지 않다. 조금 더 생산적이고 주체적으로, 조금이라도 스스로 만족도를 극대화하기 위한 오늘의 일상을 여전히 이어나가본다.

이루고 싶은 것을 정하고
일단 시작한다.
주변의 모든 부정적 시선이나 말은 차단하고
매일매일 꾸준히 그 일을 해보자.
당신이 지금 마음에서 그리는 그 장면을 위해
시간에 정성을 쏟는다.
되도록 정성껏, 그렇게 공들인다.
시간이 흘러, 결국 그건 이뤄진다.
그리하여 당신은 이기는 삶을 산다.
할 수 있다.
행운을 빈다.

시간가계부

			0:00	1:00	2:00	3:00	4:00	5:00	6:00	7:00	8:00	9:00
예시) 헤븐	평일	육아, 원고	취침						기상, 미모	출근 준비– 출근 일터		

날짜	요일	주요 이벤트	0:00	1:00	2:00	3:00	4:00	5:00	6:00	7:00	8:00	9:00
06월 07일	금		취침						기상, 미모	출근 준비– 출근 일터		
06월 08일	토		취침								기상, 미모, 워밍업, 오전 육아	
06월 09일	일		취침								기상, 미모, 워밍업, 오전 육아	
06월 10일	월		취침								출근, 미모	
06월 11일	화											
06월 12일	수											
06월 13일	목											
06월 14일	금											
06월 15일	토											
06월 16일	일											
06월 17일	월											
06월 18일	화											
06월 19일	수											
06월 20일	목											
06월 21일	금											
06월 22일	토											
06월 23일	일											
06월 24일	월											
06월 25일	화											
06월 26일	수											
06월 27일	목											
06월 28일	금											
06월 29일	토											
06월 30일	일											
07월 01일	월											
07월 02일	화											
07월 03일	수											
07월 04일	목											
07월 05일	금											
07월 06일	토											
07월 07일	일											

10:00	11:00	12:00	13:00	14:00	15:00	16:00	17:00	18:00	19:00	20:00	21:00	22:00	23:00
현업, 파이팅, 오전 회의, 외근			독서, 원고	오후 일, 메일 정리 등				둥이 하원, 먹놀잠, 집안일, 틈새 긍정 확언				독서, 글 원고 등	

10:00	11:00	12:00	13:00	14:00	15:00	16:00	17:00	18:00	19:00	20:00	21:00	22:00	23:00
현업, 파이팅, 오전 회의, 외근			독서, 원고	오후 일, 메일 정리 등				둥이 하원, 먹놀잠, 집안일, 틈새 긍정 확언				독서, 글 원고 등	
오후 육아, 틈새독서 (1권 완독 아싸)						저녁 육아, 먹놀잠, 파이팅했다. 양육…						독서, 취침	
오후 육아, 틈새독서 (1권 완독 아싸)						저녁 육아, 먹놀잠, 파이팅했다. 양육…						독서, 취침	
오전 일. 빠침… 마음 챙김		원고, 점심	오후 일, 티타임 작은 힐링				도보 귀가	시댁과 저녁 육아 시작… 파이팅				마음 챙김, 취침	

시기별 자산 로드맵

틀

나이(현재)	상태	목표	실천
25			
35			
45			
55			
65			
75			

나의 예시

나이(현재)	상태	목표	실천
25	사회 초년생	20대 1억 보유	종잣돈, 소비 관리
35	기혼, 아이 둘	10억, 순현물자산, 새로운 수입 창출, 직업적 성취도 증대, 화평한 가정	인세, 저작권 및 부수입 파이프라인 창출
45	은퇴 시기	나만의 새로운 일 생성, 입지 다지기, 20억 자산	경제적 화평 그리고 자유를 위한 공부 및 실천 병행
55	배우자가 은퇴 고려	우리 집의 새로운 공간 형성 (집 이사), 안정 수입 고정화, 자식농사 집중기	부동산 불리기, 건물의 공간 브랜딩화
65	경제적 안정기	경제적 자유의 진입 및 추월차선 돌입, 가정 화평 집중, 자식 농사 집중기 지속	공부, 인맥, 꾸준한 습관
75	죽음	평화로운 상태의 건강한 죽음	주변 인맥, 가족 챙기기

어디로 얼마나 갈지
방향과 목표를 잡자

내가 돈을 모으려는 이유, 불리려는 이유, 절제하려는 이유가 분명해야 포기하지 않게 된다. 목표를 세우고 작은 승리부터 차곡차곡 쌓아가자.

목표가 있었기에 실행 가능했던 것들

나는 가계부로 이른바 자산관리나 재무 설계를 스스로 해낸 케이스다. 나만의 파이낸셜 다이어리라고 이름 붙인 가계부에 시간과 꿈을 숫자와 함께 기록해나가는 일을 다소 타이트하게 관리하는 편이다.

물론 지금은 매일 쓰거나 들여다보지는 않는다. 다만 매일 하지 않게 되기 전에는 '매일' 하는 습관이 있었다. 일상의 루틴함이 생겼다는 의미다. 여기까지 올 수 있었던 것은 뚜렷한 목표와 확실히 가고 싶은 방향이 있었기 때문이었다고 생각한다.

월급이 많지 않은데도 20대에 1억 원을, 그 이후 튼튼한 우리 집을, 그 전후로는 '경제적 자유'를…, 이런 목표와 방향 없이는 어떤 결과도 이루지 못했을지 모른다. 모으려는 이유, 불리려는 이유, 절제하려는 이유가 분명해야 포기하지 않는다.

작은 승리부터 차곡차곡 쌓아가자

사람은 적응의 동물로 매우 간사한 습성이 있어서 이렇게 해서라도 스스로 부단히 다잡고 훈련하는 매일의 과정 없이는 어떤 '성공'도 이룰 수 없다. 성공학, 처세술, 자기계발을 빙자한 에세이들을 읽어보면 한결같은 공통점이 바로 이런 것들이다.

다시 말하지만 무엇을 매일 하기는 어렵다. 그런데 그 어려운 걸 이겨내야 비로소 결과가 보인다. 이건 나라는 사람을 다루고 내 삶을 대하는 기본자세이자 태도에서 나온다.

나는 재무적 숫자를 목표로 세우고 그에 따라 결과를 달성하기 위해 작은 성공사례를 만들어나갔다. 소박하게 달성한 이후에는 좀더 커다란 목표로 또다시 발걸음을 옮기거나 기존의 재무목표를 수정하거나 하는 등의 작업을 지속했다. 월 200만 원씩 1년이면 2,400만 원 이상의 목돈을 만든 뒤 이것을 다시 예금으로 예치하고 일정 부분은 펀드나 기타 고위험군 투자 상품으로 조금이라도 자본 이익을 늘리는 일을 반복했다는 얘기다.

필요하면 소비를 절제해서라도, 반대로 수입 이외에 부수입을 올려서라도 목표를 달성하기 위한 액티비티를 만들고 적극적으로 움직였다. 그렇게 20대를 나름 치열하게 파고들며 지냈다. 그리고 20대에 1억 원을 거쳐 30대에 순자본 10억 원에 이르기까지 지난하기만 한 것 같아 보여도 결국 목표와 방향이 뚜렷했기에 할 수 있었다.

지금은 여전히 다음 단계에 진입하려고 애쓰는 중이다. 하지만 애쓰지 않으며 살고 싶을 때가 있다. 그러나 꿈이 있고 그걸 이루는 사람들은 그 지독한 꿈을 위해 애써볼 줄도 알아야 하지 않을까? 단기적인 욜로나 소확행에 쉽게 빠지지 않았던 다소 피곤한 20대가 있었기에 덜 불안한 30대를 지나가고 있고, 마흔 그리고 쉰에 가서도 나이와 상관없이 삶을 주도하며 살 수 있을 것 같은 자신감까지 붙었다.

목표는 실현 가능한 범위부터

목표를 세우되 다시 목표를 위한 목표를 세워야 한다. 달성이 '가능한' 아주 작은 성공부터 쪼개 전략을 수립해야 한다는 말이다. 1억 원은 그냥 얻어지지 않는다. 우선 꾸준히 100만 원을 벌 수 있는 사람, 그걸 모을 수 있는 사람, 그걸 천만 원 단위로 불릴 수 있는 사람이 결국 맛볼 수 있는 숫자다.

10억 원도 따지고 보면 마찬가지다. 시간이 걸려도 목표가 뚜렷하면 결국 해낸다. 그 시간을 단축하려고 투자 공부나 적극적인 투자 행위를 하는 사람이 있는 반면, 시간이 걸려도 이루는 데 의의를 두는 사람은 낡고 고루한 재테크 방식이어도 기본을 튼튼하게 해서 결국 해낸다.

자산 설계, 재무 설계에서 목표는 언제든 수정할 수 있어야 한다. 즉 피치 못할 사정에 따라 행보가 느려지더라도 포기하지 않으려고 기간을 연장한다든지, 좀더 공격적인 방법으로 전환한다든지 하는 식으로 유동성을 곁들여야 한다.

지루함을 견뎌야 이긴다

지속적으로 시간과 상황에 맞게 스스로 조정할 수 있어야 진짜 선순환을 이루며 자신만의 재무 설계가 가능하다. 재무 설계는 결국 '방향' 아닐까? 태어나서 죽을 때까지 생애주기별로 어떤 이벤트가 있을지 상상하고 예측하고 꿈도 붙여가면서 삶의 주도권을 쥐고 경제적 자유를 얻기 위한 방향이 가리키는 그곳에 다다르는 것 말이다. 이와 같은 일련의 모든 행위는 시간과 맞닿아 이뤄지는 '경험'과 과정 그리고 그 시간의 정성스러움과 나의 바른 태도와 함께 순항할 것이다.

재테크는 화려한 기교나 운발은 둘째치고 목표와 꿈을 향한 생동감 있는 태도와 마인드가 거의 반을 차지한다고 해도 지나

친 말이 아니다. 시간과 정성을 들이며 그 과정에서 얼마만큼 뜨겁고 치열하게 공들이느냐에 따라 '만족도'를 극대화할 수 있다는 얘기다.

그런데 이 과정이 지루하고 지난하다. 결과도 쉽게 보이지 않는 현실이 쳇바퀴 돈다고 생각되면, 마음은 한순간 무너지기도 한다. 남들의 성공 사례는 판에 박힌 이야기에 꿈같은 스토리처럼 들리기도 한다.

또 흔히 사기성 금융 상품에 가입해서 원금 손실이라도 발생하면 그만큼 힘이 빠지고, 맥 빠지는 시간 때문에 지레 목표를 포기하기 십상일지도 모른다. 그래도 포기하기엔 우리 삶이 너무 소중하다고 스스로 인정하고 믿어주자.

이른바 '내려놓는다'는 표현으로 '포기'를 합리화하듯 포기하지 말자. 마지막 끈을 마음에서 놓지만 않는다면 '그럼에도' 마법이 일어날지 모른다. 해내고자 하는 '뚜렷한 목표'가 있다면 끝까지 해내서 결국 이기게 되는 마법이 말이다.

개인 자산으로 1억 원을 돌파하면서 시작한 신혼살림에서 수입은 두 배 이상 늘었지만 덩달아 생긴 억대 빚을 일사천리로 갚아버리려 했던 서른 즈음의 나는 뜨거운 열망으로 그득했다. 내가 선택한 동반자와 내가 만들어내는 가정 안에서는 되도록 경제적으로는 덜 불안하고 더 기쁜 삶을 살고 싶었다. 단순하나 명료한 존재 이유였다.

덩달아 내가 바라던 상상 속 장면의 주인공이 되어 살기를 강렬히 바라기도 했다. 이 모든 목표와 방향이 매 순간 다소 한결같았던 나는 여전히 '방향'의 중요성을 간과하지 않는다.

4인 가족의 엄마로서 실천한 돈 관리법

혼자 하는 재무 설계의 첫 번째 단계는 내 삶의 가치와 기준을 먼저 세우는 것이다. 그 기준에 삶의 질서를 부여하고 그것에 '돈'이 필요한데 그 크기와 그걸 이루는 행동을 세팅해나가는 일련의 과정이 가장 먼저 필요하다. 내가 앞으로 언제 얼마나 필요하고, 그걸 어떻게 잘 쓰면서 잘 사느냐 하는 궁극적인 삶의 방향 말이다.

단순히 '10억 원 벌기'가 정답이 아니다. 10억 원을 왜 모으고 싶고 10억 원에 어떤 의미와 가치와 꿈이 있어서 어떻게 쓸지에 대한, 자신만이 은밀히 마음에 품은 본질적 '이유'를 치열하게 고민해야 한다.

고민하고 고심해서 만들어내는 기준이 없는 부는 금방 무너져버리고 만다. 설령 부를 증식했어도 헛된 욕심과 망상이 서린 부의 단순한 증식이 삶에서 무슨 의미가 있을까? 그래서 가계부 안에서도 숫자에 의미를 부여하거나 스스로 먼저 자신만의 부자 기준을 만들어보라고 강조하는 이유도 이것과 일맥상통한다.

다음은 기본적으로 내가 20대부터 30대의 4인 가족 가계부를 이뤄나가는 데 나름의 관점과 기준을 세워본 것을 글로 정리한 것이다.

- 현금흐름/지출 관리   얼마가 있어야 최소한의 삶이 유지되는지 먼저 안다. 그 후 우리가 벌어들이는 소득을 산출하고 지출 내역을 정확하게 파악한다. 소득통장과 지출통장 분리, 현금흐름표 작성을 통한 소비 관리 등은 스스로 얼마든지 할 수 있도록 나를 숫자와 함께 관리해나간다. 가계부만 잘 쓰면 이 모든 게 가능하다.

- 재무 비율 가이드라인   내 소득 대비 비율을 따져본다. 비상 예비자금은 얼마나 가지고 있는지와 우리 집 또는 내 부채와 순수 자본의 비율을 비교해본다. 이것도 가계부 안에서 흐름을 잡아나가고 월말·연간 결산을 함으로써 충분히 스스로 혼자 할 수 있는 범위다.

- 투자 원칙   생애주기별 필요 자산과 목적을 구분하고 장기투자, 분산투자, 간접투자, 기대수익률 등을 예산 만들 듯 미리 정해본다.

- 위험 관리   현재 보험 상태를 분석하고 나에게 맞는 투자 관리법 등 지식을 얻으며 해당 분야 투자를 경험하고 내공을 쌓으려 노력한다.

- 노후 준비   노후 준비 현황 체크, 내게 맞는 노후 준비 방법 등을 지속해서 찾고 또 만든다.
- 부채 관리   현재 부채 상황, 부채 상환 플랜 등은 미리 점검해서 상쇄해나간다.

얼핏 보면 항목이 많고 스스로 할 수 있을지 의문이 들기도 한다. 하지만 반드시 스스로 해야 하고 스스로 했을 때 훨씬 효과가 큰 항목들이다.

특히 가계부와 같이 우리 집 또는 나의 부채 자산관리를 일목요연하게 볼 수 있는 현금흐름표를 스스로 만들어 소득이라는 유입과 소비라는 유출의 흐름을 파악하는 것이 기본 중 기본이다. 또한 보유하고 있는 금융자산, 부동산자산, 투자자산, 기타자산에서 총부채를 뺀 순수자본비율을 확인하는 것과 앞으로 나아가고자 하는 목표 수치를 그려보는 것도 동기부여를 위한 좋은 도구가 될 수 있다.

지출도 방향 감각 있게

대다수 가정에서 주로 문제점으로 인지하는 부분은 저축이 아니라 지출일지도 모르겠다. 생활비도 빡빡한데 어떻게 저축을 하느냐는 말을 입에 달고 살기도 한다. 그러나 부자들은 경기가 불황일 때도 돈을 끌어당긴다. 불황이지만 돈을 모으는 이들은 같은 사실도 달리 해석한다. 그들은 어떤 식으로든 자기 기준과 가치에 맞는 투자 활동을 병행해서 보이지 않게 은밀히 부를 끌어들인다. 그리고 결국 이뤄낸다.

자신이 어디까지 날아가고 싶은지는 날개가 있는 새만이 알 수 있다. 그리고 날개가 있다 해도 날 수 없다고 생각하는 새는 날지 못한다. 선택은 모두 '나'의 결정과 마음에 달려 있다. 당신은 어디까지 날아서 어떤 세계를 보며 살고 싶은가?

이제 선택할 시간이다. 그리고 선택했다면 움직이자. 날갯짓을 과감히 해보면 어떨까? 움직여야 더 다양한 세상이 보이고 비로소 하늘 높이 날아오를 수 있다. Fly high!

많이 벌고 모아도 헛되게 관리하고 함부로 소비하면 튼튼한

부자가 될 수 없다. '푼돈'을 우습게 보면 망하기 십상이다.

푼돈을 모아 동산을 넘어 '태산'이 될 수 있는 소비 습관에

대한 생생한 경험담을 4장에 담았다. 특히 쌍둥이 영유아를

양육하는 과정에서 엄마가 지켜낼 수 있는 최선의 소비 습관

에 대한 특유의 필살기를 공개한다.

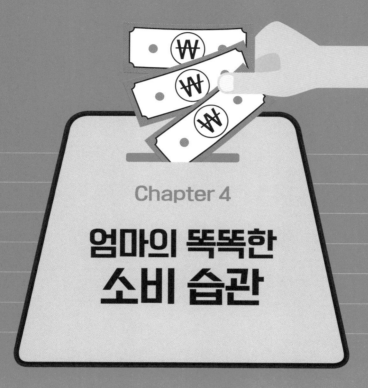

Chapter 4

엄마의 똑똑한
소비 습관

푼돈을 모아
목돈의 씨앗으로 만든다

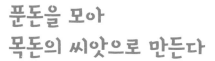

작은 돈을 그리 소중하게 대하지 않은 이들이 '묻지 마 투자'를 잘하는 경향이 있는 듯싶다. 돈의 크기보다는 돈 자체의 소중함을 알아야 한다.

우리가 미처 모르는 푼돈의 위대함

"100달러를 벌기보다 1달러를 아껴라." 워런 버핏이 한 말이다. 정말 그렇다. 빈자와 부자의 돈을 바라보는 시각은 확실히 한 끗 차이다. 그 한 끗에 시간이 붙고 차이를 만든다.

부자들은 돈의 크기와 상관없이 수중의 작은 돈도 소중하게 다루고 관리할 줄 안다. 사실은 나도 푼돈의 소중함을 안 덕분에 어쩌면 1억에서 10억이라는 숫자로 자산을 불리는 과정을 경험한 것은 아닐까 되새겨본다.

물론 돈의 크기보다는 돈 자체의 소중함과 간절함을 느끼는 게 우선이다. 가계부를 추천하는 이유도 바로 그 때문이다. 가계부는 푼돈이 기록되는 일상의 기록부이기 때문이다. 나는 가계부 안에서 꾸준히 우리 집 자산흐름을 파악하며 작은 종잣돈을 차곡차곡 불려나가기를 반복했다. 매일, 매달, 매년… 그렇게 15년이 흘렀다.

매일 글을 쓰는 것, 매일 일어나서 아침 기분을 좋게 마음을 다스리는 것, 매일 웃어보는 것, 매일 인사하는 것 등 간단한 행동 같아도 해보면 실상은 다르다.

작심삼일이 괜히 나온 말이 아니다. 우리는 언제든 변하는 상황에서 감정을 지닌 인간으로서 '매일'이라는 꾸준함이 쉽지 않다는 걸 알고 있다. 그래서 매일 무언가 하는 이들을 우리는 따라갈 수 없다. 따라가려면 매일 무언가 하는 이들처럼 '나'도 매일 해내야 한다.

푼돈도 마찬가지다. 별것 아닌 것 같아도 그 매일의 마음가짐으로 일상 안에서 지키려는 사사로운 태도가 결국 부자를 만든다.

가지고 있는 것을 잘 지키는 것도 투자다

아주 작은 돈이어도 잘 지키면 목돈이 된다. 이 작은 돈을 소중하게 대하지 않는 이들이 보통 '묻지 마 투자'를 하는 경향이 있다. 심리적이든 물리적이든 여유자금 없이 대출로 가득 찬 '묻지 마 투자'는 그저 빚일 뿐이다.

남들이 부동산으로, P2P(peer to peer)로, 해외 주식이나 국내 주식으로, 기타 사업 등으로 돈을 번다는 말에 현혹되어 급하게 마음먹으면 안 된다. 급할수록 돌아가라는 말은 그런 면에서 진리다. 내가 제대로 파악하지 못한 투자는 그만큼 보이지 않는 위험요소를 다분히 내포하고 있다. 그래서 우리는 공부해야 한다. 준비되었을 때, 여유자금이 될 때 투자해도 늦지 않다.

그런데 이런 여유자금은 그냥 만들어지지 않는다. 투자하려면 종잣돈과 최소한의 여윳돈이 필요하다. 그래서 우리는 푼돈을 더할 나위 없이 소중하게 생각해야 한다. 왜냐하면 지금의 푼돈이 목돈이 되는 아주 기초적인 씨앗이 되기 때문이다. 이처럼 당연한 얘기가 또 어디 있겠는가.

모든 건 습관 그리고 돈을 대하는 태도

여러 번 강조해도 모자람이 없을 진리는 바로 이런 돈을 다루는 습관과 인성 그리고 태도다. 100만 원을 만들거나 쓰지 않고 모아본 사람만이 1천만 원을 모을 수 있다는 말은 진리다.

결국 1천만 원을 만들 줄 아는 사람이 훗날 1억 원을 모을 수 있는 건 자명한 사실이고 자연적인 단계다. 물이 거꾸로 흐르지 않듯, 쌓이는 돈도 그렇게 단계별로 건강하게 모아져야 튼튼한 자산이 되지 않을까? 물론 남에게 피해를 주거나 눈살 찌푸려지게 만드는 행위(남의 돈은 막 생각하고 내 돈만 챙기려는 심보)에 따른 자산 축적은 언제나 내 부자 기준에는 들지 못한다.

이른바 선한 부자는 나눌 줄 알고 베풀 줄 알며, 수중에 쥔 푼돈조차 함부로 대하지 않는다. 즉 작은 것도 소중하게 생각하지 않는 이는 없다. 푼돈의 소중함을 여러 번 강조하는 이유는 이것이 기본 중 기본이기 때문이다. 푼돈이 모여 목돈이 되지만 반대로 푼돈을 수돗물 틀어놓듯 흘려보내다보면 목돈을 잃어버리게 되니 말이다.

당신의 부자 기준은 건강합니까?

그저 부자가 되고 싶다는 마음만 앞서는 사람은 물리적으로 큰 액수만 돈이라고 생각한다. 하지만 그렇게 돈을 다루고 취급하는 사람의 부자 기준과 재테크 마인드가 얼마나 건강할 수 있을까? 선한 가치와 뚜렷한 의미 없이 축적만 하는 자본은 또 어떤가?

나는 쉽게 얻은 돈은 사상누각에 불과하다고 본다. 물리적으로 돈을 많이 가진 자본가가 된다 해도, 눈에 보이지 않는 작은 것들을 대하는 태도와 인성에서 돈의 옳고 그른 흐름과 방향이 결정된다. 로열패밀리도 다 같은 프리미엄 인성의 로열패밀리는 아니듯 말이다.

수중에 투자금이나 자본금이 많다면 사업을 하거나 창업을 해도 그렇지 않은 사람보다 시작은 든든할 수 있다. 그러나 없다고 해서 가만히 있기에는 너무 아쉽지 않을까? 할 수 있는 한 최선을 다해봐야 한다.

푼돈을 소중히 여기는 사람은 뭐든 자기 상황 안에서 목표가 충분히 뜨겁게 세팅되었다면 막 태어난 아기가 살려고 어미젖을 빠는 것처럼 본능적으로 온 감각을 열어 움직이려고 노력한다. 그런 사람들이 작은 것도 정성스럽게 대하는 노력까지 한다면 결과는 어떻게 될까? 시간과 맞닿아 흐르다보면 어느새 그들의 자산은 눈에 띄게 불어나 있을 것이다.

우리가 미처 몰랐던 푼돈의 경제학

흔히 우리가 말하는 시간의 복리 개념과 만났을 때를 계산해보면 달리 체감될 수도 있는 것이 바로 푼돈의 경제학이다. 단시간에 아무런 영향을 미치지 못하는 작은 액수일지라도 중요한 돈이라는 생각을 품고 지내는 사람들은 푼돈을 함부로 낭비하거나 소비하지 않는다. 그래서 푼돈의 소중함을 아무리 강조해도 지나치지 않을 만큼 푼돈은 참 고마운 존재다.

냉장고를 파먹는 이들(이른바 냉파족)의 외식비를 절약하려는 노력이 가정 경제에 얼마나 든든하면서도 고마운 노동행위인지 서로 인정하고 알아주어야 하지 않을까. 예산 안에서 한 달을 살아내려 노력하는 이들의 가계부는 또 얼마나 아름다울까. 그렇게 작은 소비를 선순환시키면서 절제미를 발휘해서 결국 원하는 투자금으로 선순환되도록 재테크를 할 줄 아는 사람들이 물리적인 부자의 반열에 들 수 있다.

1천 원을 쓰지 않는다면 그만큼 돈을 벌었다는 의미로 볼 수 있다는 걸 우리는 인정해야 한다. 푼돈이든 목돈이든 돈이라는 개념은 변함이 없으니까.

1억 원이든 10억 원이든 돈은 돈이다. 푼돈을 관리하고 낭비를 절제하여 목돈이 만들어지는 것처럼 작은 돈을 소중하게 생각하지 않고 마구 쓰다보면 모아서 만들 수 있는 목돈이라는 자본을 놓치고 마는 꼴이 된다.

저축이 재미없다고 생각된다면 푼돈의 소중함을 체감하며 그 방면에서 재테크를 실행해보자. 특히 수중에 투자할 만한 큰 여유자금이 없어도 우리가 가장 쉽게 적극적으로 실천할 수 있는 최고의 재테크가 바로 푼돈 재테크라고 본다.

작은 돈부터 차곡차곡, 푼돈 재테크

매달 생활비 다이어리와 같은 가계부를 습관처럼 기록하고 관리하다 보면 자동으로 주머니 이외의 남은 돈을 저축할 수 있게 된다.

가계부 쓰기가 중요한 이유

무엇보다 가계부로 소비와 지출을 관리하는 것이 기본이다. 그런데 가계부를 쓸 때도 약간 변형해서 다이어리나 달력 형식으로 칸을 나누어 일종의 생활비 달력을 만들어보는 것이다. 취미나 문화생활과 관련한 소비를 기록하면 결산하는 달에 예상보다 지출이 꽤 많다고 느껴지는 순간이 온다.

반대로 원하는 목표 자금을 모으고 싶다면 저축은 기본인데 저축해본 적이 없거나 재미없다고 느끼는 이들에게 재미있게 돈을 모을 수 있는 팁 중 하나가 바로 하루 생활비를 뽑아내 가계부에 생활비 다이어리를 기록하는 것이다.

그렇게 한 달에 생활비로 얼마나 쓰는지 파악하고 난 후 낭비다 싶은 푼돈은 반대로 선순환시켜 투자금이나 종잣돈으로 만들어나가며 불필요한 비용을 줄이고 목돈을 만드는 씨앗을 뿌리는 과정을 반복해보자. 그러다보면 어느새 통장 잔고는 뿌듯한 숫자로 채워져 있을 것이다.

매일 그리고 매주, 생활비 지갑을 만들자

여기서 나아가 조금 더 악착같이 하는 방법 중 하나는 바로 매일 생활비를 지갑에 넣어두거나 미리 예산을 기록해서 그 예산에 내 소비 패턴을 맞춰보는 것이다. 다소 무리하지 않는 선에서 실천 가능한 목표액을 둔다. 그리고 매일 미션을 달성하는 것처럼 스스로 작은 성공 사례를 만들어나가는 것이다.

큰 성공을 순식간에 이루기는 쉽지 않지만 작은 성공을 차곡차곡 쌓아가다보면 자신감과 더불어 어느새 성공 달성 수치가 높아진다. 결국 더 큰 성공을 맛보며 심리적·경제적 여유와 안정을 느끼게 된다.

이걸 실천하기는 무척 간단하니 충동적 지출을 줄이고 싶다면 따라 해보기를 권한다. 우선 사용할 생활비를 한 달 날짜로 나눠 날짜별 가계부 칸 안에 숫자를 적는다. 이때 반드시 같은 금액을 넣어둘 필요는 없다. 주말 데이트 등 지출이 많을 것으로 예상하는 날에 생활비를 조금 더 많이 넣고, 다른 날에는 조금 적게 넣는 식으로 지출 계획을 사전에 조절할 수 있다. 그리고 해당되는 날짜의 주머니 안에 있는 금액을 가지고 나가서 그 금액 범위에서만 지출하면 된다.

이렇게 매달 생활비 다이어리 같은 가계부를 습관처럼 기록하고 관리해보자. 그러다보면 주머니 이외의 남은 돈을 습관처럼 저축할 수 있게 된다.

이번 달 이날은 무지출데이!

일상에서 하던 소비를 하루아침에 줄이는 것은 쉬운 일이 아니다. 그럴 때 한 번씩 '무지출데이'를 가져보는 건 어떨까. 마치 간헐적 단식을 하는 것과 비슷한 이치다. 즉 비움의 미학을 발휘해보는 것이다.

다만 너무 빡빡하게 무리하면 안 된다. 예를 들어 한 달 또는 일주일에 하루 정도 지출을 아예 하지 않는 날을 재미 삼아 정해보는 것이다.

사람이라는 동물은 생각이 자리하면 그 생각이 무의식적 행동을 이끌게 된다. 처음부터 무조건 돈을 쓰지 않는다면 부담이 적지 않을 테니 이 또한 개인의 가치관과 삶의 기준에 따라 각자 계획이 필요하다.

나는 가장 부담되지 않는 요일과 실천 가능한 날을 일주일에 하루 정도 정했다. 예를 들어 주말에 가족과 이벤트나 식사 모임이 있다면 이날은 제외하는 식으로 생활패턴을 파악해서 예상해 보는 것이다. 아울러 필수적으로 들어가는 비용을 대체할 수단을 마련해야 한다.

예를 들어 주말 중 하루는 보통 외식을 하는데 이 외식비가 쌓이면 꽤 큰돈이 될 수 있다. 따라서 식구들과 집밥을 먹는 주간을 정하거나 근교 여행을 갈 때도 집에서 준비할 수 있는 간식은 싸간다. 또 출퇴근 시간이 오래 걸리지 않는다면 평소보다 조금 일찍 나와 걸어서 출근하거나 자전거 등을 이용하면 건강도 지키고 푼돈도 모을 수 있다.

젊어서 이런 고생쯤은 해도 괜찮다. 그래야 남의 작은 돈도 소중하게 생각할 줄 알고, 고생이 섞인 쓴 경험이야말로 노련함을 불러일으키는 소중한 자산이 된다.

푼돈 재테크는 무리하지 않는 선에서

이런 푼돈 재테크는 절대로 무리하지 말아야 한다. 무지출데이를 위해 무리해서 만남을 끊어버린다든가 나에게 소비하는 것을 너무 쥐어짜면 자칫 다이어트의 요요현상과 같은 폭풍 소비 감정을 불러일으킬 수 있다.

아무리 푼돈이라도 아껴보겠다는 마음이라 할지라도 교통비나 최소 식비처럼 일상생활을 건전하게 유지하는 데 반드시 필요한 항목에는 예외를 두자. 그렇게 작은 것부터 실천하려고 노력하다 보면 무지출데이에 대한 부담도 조금은 덜 수 있다.

무지출데이를 정하면 도대체 얼마나 아낄 수 있을까? 일주일에 한 번을 가정하고 그날의 생활비를 모두 저축한다고 해보자. 점심식대 8천 원, 커피 4천 원, 왕복교통비 4,800원이면 하루 약 1만 7천 원, 한 달이면 7만 원 정도를 절약하는 셈이다. 그리고 1년을 이렇게 생활한다면 84만 원을 절약할 수 있게 된다.

숫자로 계산해보니 실제적으로 느껴지는 게 있지 않은가. 이 푼돈이 목돈이 되어 급할 때 비상금으로 사용하는 데 충분할 테니 푼돈도 소중히 다루는 연습을 일상에서 해보는 건 어떨까.

과시와 낭비라는
소비 욕망에 빠지지 않는다

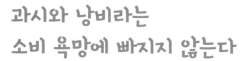

욕망이 향하는 대상이 진짜 내가 원하는 건지, 그저 타인이 기준으로 삼은 것을 무의식적으로 따라가는 건 아닌지 구분해내자.

감정 소비가 통장을 갉아먹는다

한때 극도의 소비 절제에 따른 시발 비용(스트레스를 받아 지출한 비용)과 탕진 잼으로 통장이 텅장으로 순식간에 전락해버린 때가 있었다. 심리적 스트레스가 극도로 쌓여 나도 모르게 스스로에게 보상을 준다는 명목으로 지출했던 가계부 속 항목들이다.

- 스타벅스 레드벨벳 케이크 5,500원

  (브랜드는 대단하다. 같은 케이크맛도 가격이 달라진다)

- 로드숍 화장품 1+1 립밤 8,000원

  (1+1이라고 일단 사두는 소비심리를 자극하는 마케팅)

- 2+1 빵 5,000원

  (1+1의 확장 버전으로 역시 소비심리를 자극한다)

- 세일하는 원피스 50,000원

  (세일이라는 명목으로 뷰티 자극 소비템)

- 봄맞이 플랫 슈즈 30,000원

  (있는데 싸다고 또 사게 되는 경우는 혹시 없는지)

- 게임 아이템 구매 10,000원

  (이런 소비도 있다고 한다. 내 관점에선 생각해볼 수 없지만)

물론 다행히도 그런 지출을 했던 시기는 아주 잠시였다. 당시에 카드를 긁을 때는 스트레스가 풀리는 듯했지만 그건 오래가지 못했다. 결국 뒤늦은 후회를 했고 원피스는 몇 번 입지 않은 채 중고시장에 팔았다.

사지 않아도 될 아이템을 사게 되는 순간, 객관적 낭비는 주관적 소비로 착각된다. 결국 일상 속에서 이 심리적 소비 패턴이 반복된다면 정말이지 통장이 텅장이 되고, 월급은 한 달 중 하루 스쳐가는 데 불과할 것이다.

계획에도 없는 소비를 너무나도 당연하게 일삼는 생활이 반복되었다면 지금쯤 어떻게 되었을까? 1억 원이라는 목표액도, 덩달아 지금 이 글을 쓰는 나도 있지 않았을지 모른다.

순간의 소비가 불러오는 긴 후회

돈을 버는 것은 물론이고 모으고 불리는 것도 쉽지 않다. 그러나 써버리기는 너무 쉽다. 지갑을 열어 카드를 긁는 것은 순식간이다.

체크카드처럼 미리 예산을 넣어두고 그 예산 안에서 쓰는 것은 그나마 가시적으로 그 순간 소비 항목이 눈에 보인다. 하지만 신용카드라면 이야기가 달라진다. 한 달 명세서가 나오면 월급통장에 찍힌 월급이 금세 숫자가 줄어들며 한숨을 내쉴지도 모른다.

심리상담사 자격증 공부를 할 때 소비심리학에 대해 알게 되었다. 그리고 인간의 욕망과 소비가 눈에 보이지 않지만 상당히 깊고도 밀접한 관련이 있다는 사실을 깨달았다.

따지고 보면 우리는 모르지 않는다. 마음 상태가 안정적이지 못하거나, 이런 사실을 어딘가 불만족스러운 현실에 노출되어 있거나, 심지어 월급을 받거나 주수입이 있어도 자신이 속한 환경이나 상황 자체가 그 또는 그녀 마음을 불안하게 만들면 결국 언젠가 무계획적 낭비를 평소보다 많이 하는 자신을 발견할지도 모른다.

모름지기 마음이 편안해야 미니멀리즘도 가능하다. 실제로 심플하게 사는 사람들의 평정심은 그렇지 못한 사람보다 더 강하다고 한다.

쉽지 않지만 꼭 필요한 절제라는 부의 감각

하나하나 통제하거나 절제하는 습관을 쌓기는 사실 쉽지 않다. 절제의 경제학이란 자기 관리를 철저히 하거나 의식적으로 자신의 소비 패턴을 잘 관리해야 가능하기 때문이다. 그리고 이렇게 하기가 생각보다 피곤하다.

그런데 이 피곤함을 극복할 줄 알아야 한다. 피곤하다는 것도 마음 한편의 핑계에 불과하다. 그러니 극복할 수밖에! 그토록 부자가 되고 싶은데 못할 건 또 뭐가 있을까.

인간의 욕망에는 끝이 없다. 사람마다 원하는 부의 크기나 삶의 가치관도 각양각색 천차만별이다. 그런데 가만히 살펴보면 한 치의 욕심도 없는 사람은 없다. 그리고 그 욕망이나 욕심 자체가 나쁜 것도 아니다. 다만 그 욕망이 향하는 대상이 진짜 내가 원하는 것인지, 그저 타인이 세운 기준을 무의식적으로 따라가는 건 아닌지 구분하는 것이 중요하다.

남들이 아이를 영어유치원에 보낸다고 해서 불안 심리가 조장되어 우리 아이도 안 되는 형편에 대출까지 받아서 영어유치원에 보낼 것인가? 월급은 한 달에 200만 원인데 100만 원 이상을 대인관계를 쌓는다고 유흥비로 다 소비한다면? 이렇게 사는 것이 진짜 내가 원하는 삶인가?

그래서 자기 마음 상태를 잘 돌이켜봐야 한다. 그리고 욕망의 기준도 되도록 '내' 기준으로 세우는 것이 아주 중요하다. 남들이

스타벅스 커피를 마신다고 해서 나까지 그게 진짜 좋은지 스스로 물어보면 답이 나올 것이다(진짜 스타벅스 마니아라면 모를까. 마치 내가 책에 딸린 굿즈를 모으는 것처럼).

능력 대비 과다 지출하는 소비 심리로 낭비 폭탄과 마주했을 때도 마찬가지다. 불안을 이기기 위한 소비는 결국 또 다른 불안을 낳는 셈이 되고 만다. 불안이 더 큰 불안을 불러온다는 얘기다.

자기합리화를 한다 해도, 정신승리를 한다 해도, 돈은 정직하다. 쓰고 후회해도 이미 없어지고 난 뒤라면 의미가 없다. 그럴 때는 차라리 진정하고 정신 차리는 게 더 낫다. 심리상태라도 제대로 지키자.

그 소비가 누구의 욕망이었던가?

욕망은 잡초와 같아서 때와 장소를 가리지 않고 뿌리를 내린다고 한다. 마음속에 자리한 불순한 욕망과 집착은 분명 잡초처럼 순식간에 내 마음 어딘가에서 번식하기 쉬운 것 같다. '인사동에 온 기념'이라는 명목으로 평소 별 관심도 없던 전통무늬의 여러 굿즈를 어느새 사들이는 상황에서 이미 카드명세서는 꽉꽉 채워지고 있다.

친구 따라 백화점에 갔다가 나도 모르게 원피스를 한 벌 샀는데 집에 돌아와보니 옷장에 비슷한 종류의 옷이 수두룩하다면?

브랜드 아파트와 넓은 평수만 보고 수요와 공급, 입지를 철저히 분석하지 않은 채 부동산 몇 군데를 둘러보고 가계약을 했지만 우리 집이 매매가 되지 않아 입주 날짜를 맞추지 못해 가계약금을 날려버리는 상황에 맞닥뜨린다면? (오 마이 갓, 제발 이런 경우는 피해주시길!)

우리는 쓰는 당시에는 알지 못한다. 그 소비와 마음이 내 것인지 아니면 남을 따라가는 욕망인지.

마음을 챙기다가 물욕을 벗다

소비 욕망이 아닌 자존 욕망을 채워보자. 나도 쉽지 않지만 되도록 이 자존 욕망을 채우려고 노력하는 편이다. 마음 상태가 되도록 평온하고 심리적으로 불안감보다는 평정심이 더 많이 내재된 사람일수록 심플하게 살 줄 아는 것 같다.

이런 이들은 사실상 소비에 따른 기쁨을 얻는 일종의 인스턴트식 물욕도 적다. 내면의 평정심을 만들어 좀더 간단하게 비우며 살 수 있는 미학을 펼치는 삶은 아름다울 테니까.

물건을 소유함으로써 얻는 행복은 그리 오래가지 않는 것 같다. 물욕과 소유욕으로 얻는 단기간의 기쁨은 결국 한계가 있다. 원피스 한 벌을 샀다고 해서, 화장품 하나를 싸게 득템했다고 해서, 비싼 케이크 하나를 스트레스를 풀기 위해 소확행으로 먹었다고 해서 좋지 않았던 상태가 깔끔하게 없어지는 건 아니다.

근본적으로 고쳐지지 않는 문제라면 어떤 경로로든 다시 찾아올 수 있다. 그럼 그때마다 다시 비슷하게 무언가를 소유함으로써 그 불안한 심리상태를 없앨 텐가? 그건 건강하지 않은 방법이다.

비워내면 비로소 보이는 것들

어쩌면 그래서 비움의 미학이 필요한지 모른다. 최소한 내면의 소유 욕망과 더불어 그 기준이 내가 아닌 타인의 것이라면 더더욱 그렇다. 그 소비가 내 욕망인지, 네 욕망인지 판단해야 한다. 그리고 정작 내가 욕구 불만을 느끼는 근본적·본질적인 것을 없애지 않는 이상 소비로 인한 소유욕으로 단시간에 마음을 만족시키는 행위는 인스턴트식 안정감을 되찾는 것밖에는 되지 않는다.

과시와 낭비라는 소비 욕망에 빠지지 않으려고 노력해보자. 이른바 자산가라는 이들은 이미 소비 절제가 일상에서 공기처럼 습관이 되어 있다. 자신에게 불필요한 것들에는 아예 마음조차 내주지 않는다. 그러니 눈에도 들어오지 않을 뿐더러 아예 뇌 구조에서 자신이 원치 않은 소비를 생각조차 하지 못하기 때문에 행동으로 나오지도 않는다. 그게 그들에게는 그냥 배고프면 무언가를 먹는 것처럼 지극히 당연한 삶의 패턴이다.

나는 또래 여자 친구들보다 뷰티 소비에 대한 욕망이 아주 적었다. 사실 화장도 잘 못한다. 그래서 화장품이나 뷰티, 잡화 등으로 나가는 지출이 적었다.

그 대신에 내 욕망이 진정으로 원하는 소비들은 가계부에 가득했다. 그러나 그 소비는 다행히 '책'이라는 것들에 지나지 않았고, 어쩌면 이런 습관 덕분에 10억 원을 넘는 현재 자산이 이루어진 것이 아닐까 싶다.(책은 역시 두고두고 소비해도 투자 소비여서 참 감사한 욕망이지만!)

나 자신의 마음 상태를 든든하게 지켜낸다면 덩달아 내 자산도 든든하게 지켜낼 수 있다. 그리고 내 기준이 분명하다면 남의 기준에 흔들리는 일도 없고, 흔들릴지언정 잦지 않고 부담되지 않는 선에서 자기 소비 예산을 지켜낼 수 있다. 그렇게 스스로 관리할 줄 아는 사람은 결국 부자의 길로 들어서는 데 있어 그렇지 않은 이들보다 방향과 속도가 좀더 순조롭게 흐를 것이다.

집 정리만 잘해도
안 쓰고 살아진다

정리해볼 필요가 있다. 책상 정리도 좋고, 옷장 정리도 좋고, 냉장고 정리도 좋고,
방 정리도 좋다. 자꾸 미루지 말고 지금 바로 실천해보자.

하루 한 개씩 버리는 연습하기

미니멀리즘이 한창이었을 때, 나도 하루에 한 개씩 버리는 습
관을 길러보려고 한 적이 있다. 물론 하루에 한 개씩 계속 버리는
습관을 끝까지 체득하지 못했지만(역시 매일 하는 건 어렵다) 그 대
신에 얻은 교훈이 있다.

일과 육아를 병행하며 조금씩 시간을 투자해 한 달 정도 집 이
곳저곳을 구석구석 틈틈이 청소하면서 비워나가니 그때 비로소
알게 되었다. 소비를 절제한다고 생각했지만 꽤 많이 사들이며
살았다는 것을. 체감적으로 반성하는 계기도 되었다. 사들이는
것보다 비우는 것이 더 힘들다는 사실을.

그 물건을 살 때는 정말 모른다

그게 정말 내게, 우리 집에, 앞으로 살아가는 데 필요하다고 생각하고 '미리' 산다. 더군다나 평소 자주 쓰는 생필품이나 공산품을 폭탄세일이라도 하는 날은 이미 이런 생각이 한가득이기 때문에 결국 지갑에 손을 대게 된다. 어차피 쓸 거니까 좀더 싸게 사두면 이득일 거라 생각하고 마는 통에 결국 사서 쟁여두는 순간, 일은 벌어지고 만다.

온 집 안이 아기 기저귀로 가득했던 때가 있다. 특히 쌍둥이를 키워야 했던지라 남들보다 물리적으로 소비가 2배였고, 상상도 못할 정도로 신생아 육아를 한꺼번에 겪어야 했다. 신생아 육아 1년여 동안 재테크고 투자고 아무것도 하지 못했다.

가족의 화평을 위해 '나'라는 개인을 없애야 하는 시기였다. 모든 상황은 창살 없는 교도소와 같았다. (여전히 육아는 재테크보다 열 배는 힘들다. 그러니 아이 키우며 살림 챙기며 투자 활동에 재테크까지 병행하는 양육자들은 진정 위너다.)

일상생활 전체가 쌍둥이 육아에 올인할 수밖에 없는 나날이었다. 몸도 마음도 무너져 내리던 시기였고, 안 자는 아기들이 겨우 잠드는 한 시간가량 틈새 휴식 시간에는 늘 핸드폰을 손에 쥐고 있었다.

육아용품을 사들이고 또 사들였으니 돌이켜 생각해보면 그때만큼 쓸데없이 소비욕이 활활 불타올랐던 때도 없었던 것 같다.

그러나 그것밖에는 스트레스를 떨쳐낼 돌파구가 딱히 없었던 시기이기도 했다. 온라인 마켓에서는 매일 세일하는 것 같다. 세일 시즌은 어찌 그리도 자주 돌아오는지. 세일할 때마다 어차피 쓸 거라는 안일한 생각에 계속 온라인 쇼핑 카트에 담아두었다가 결국 구매 버튼을 눌렀다. 그렇게 쟁여두기 시작했고, 온 집 안은 신생아 기저귀 천지였다.

그러나 아이들은 자라고 어느새 기저귀 단계가 올라가야 했을 때 이미 사둔 것들은 무용지물이 되고 말았다. 속이 상했지만 내가 저지른 일이었기에 감내해야 했다.

다행히 시간은 흐르고 아이들이 돌을 지나 제법 육아에 단련된 근육이 생길 무렵, 집을 조금씩 정리하기 시작했다. 일과 육아를 병행하며 틈틈이 주말이면 옷장부터 냉장고, 침실은 물론 아기용품으로 가득했던 거실, 서랍장 곳곳까지 정리했다. 그렇게 천천히, 꾸준히 하루 또는 주말에 시간을 쪼개 집 정리를 하면서 비로소 알게 되었다. 사들이면서 얻는 단타 같은 평정심보다는 비우며 얻는 홀가분함이 더 오래가고 더욱 기쁘다는 사실을 말이다.

집 정리, 소유의 재발견

집 정리를 하면 물건들이 재발견된다. 예컨대 옷장 정리를 할 때면 옷의 품목과 디자인 그리고 어떤 색상의 의류가 있는지 비로소 보인다. 그러니 굳이 사지 않아도 될 옷을 사들이고 있었다는 반성을 하면서 이후에는 중복되는 아이템이나 옷들을 사지 않게 된다. 반대로 겹치는 품목이나 디자인이 비슷한 옷을 두세 벌 발견이라도 하면 모아두었다가 벼룩시장이나 주말장터에서 팔곤 했다. 그로써 덩달아 아주 작지만 부수입이 생기기도 했으니, 나로서는 정리가 주는 일석이조의 마법이나 다름없었다.

중복되는 각종 육아용품이나 개인 의류, 이미 다 본 서책들은 상태가 좋은 것들과 그렇지 못한 것들로 분류했다. 그러고는 주말장터나 온라인 중고마켓에서 나보다 더 필요한 분들께 그냥 주거나 저렴하게 재판매하곤 했다.

그 경험과 시간 덕분에 물리적으로 집은 더 깔끔하게 정리되어 다른 물건을 수납할 공간이 확보되었고, 무엇보다 스스로 뿌듯함과 기특함마저 느끼게 되었다. 그때 집 구석구석을 청소하고 깔끔하게 정리하면서 일종의 일상 속 마음 챙김과 스트레스 돌파구를 그렇게 좋게 선순환시킨 것 같다.

물론 이 모든 것이 나 혼자 잘 살자고 하는 행위가 아니라는 점을 주변 관계들에게서 인정받게 되면 정리에 가속도가 붙고 기쁨도 쌓일 것이다. 그러니 혹시라도 배우자가 집 정리한다고 부산을 떤다면 부디 열렬한 응원을 보내고 또 적극 지지하고 도와주자.

결국 나 혼자가 아니라 나를 포함한 모두가 잘 살자고 해내는 과업들이다. 나도 한때 내가 할 수 있는 최선이라고 생각했기 때문에 꾸준히 정리해나갈 수 있었고, 그로써 비움의 미학을 일상에서 실천할 수 있었다.

집 정리만 잘해도 안 쓰고 살 수 있다

이른바 '냉장고 파먹기'를 하면서 꽉 차 있는 냉장고 안의 식재료로 근사한 집밥을 만들어 먹는다면 습관적으로 하던 외식에 드는 비용을 일정 수준 절약할 수 있다.

중식당에서 4인 가족이 6천 원짜리 자장면 네 그릇과 탕수육 작은 것 한 그릇만 시켜도 4만 원 정도가 든다. 이 4만 원을 한 달에 네 번 소비하면 16만 원이 된다.

차라리 한 달 16만 원을 꾸준히 저평가 우량주 주식을 사거나 펀드에 투자한다면, 거기에 '운'까지 붙는다면 1년 후 결과가 어떻게 될까? 여러분 상상에 맡긴다.

물론 모두 이렇게 할 필요는 없으며 이런 가치관이나 관점이 삶의 기준에서 우선순위가 아닌 이들에게는 정답이 아닐 수 있다. 하지만 최소한 이렇게 소비와 투자 관점에서 기회비용을 생각하는 사람들도 있고, 이른바 자산가라는 부자들은 언제나 시간과 기회비용을 마음에 담고 산다.

처음 종잣돈을 모으기 시작했을 때는 더군다나 이런 식의 사고방식 덕분에 철저히 절약하고 정리함으로써 덜 쓰고 안 쓰는 대신 더 투자하고 좀더 많이 모았는지도 모른다.

정리를 한 번 정도 시도해보자. 당장 오늘부터 실천할 수 있는 나만의 정리를 하자. 책상 정리도 좋고, 옷장 정리도 좋고, 냉장고 정리도 좋고, 방 정리도 좋다. 미루지 말고 지금 바로 해보자.

정리하면서 마법이 찾아올지 모른다. 혹시 아는가! 정리하다가 책상서랍 안에서 지폐 한 장, 추억의 편지 한 통을 발견하고 씩 웃는 나를 발견하게 될지도 모른다. 행운을 빈다.

쌍둥이 엄마가 실천한
육아 지출 10계명

쌍둥이를 낳은 뒤 나로서는 하지 않으면 안 되는 필수적 행위가 바로 육아 지출의 기준을 우리 집 목표 자산에 맞춰 재정립하는 것이었다.

나는 아들 쌍둥이 엄마다

다둥이 신생아 육아시절은 특히 괴로웠다. 모든 것을 '동시'에 해야 하는 육아 전선의 특수 사례를 많이 겪어야 했고, 여전히 쌍둥이를 키우는 워킹맘으로 지내보는 중이다.

물론 지금은 아이들이 얼추 자랐고(여기서 자랐다는 것은 그나마 인간으로 직립보행이 가능한 모습으로 먹고 입고 자고 놀 수 있는 성장 상태가 되었다는 말이다), 내 손이 굳이 가지 않더라도 최소한 둘이서 실랑이를 벌이면서도 스스로 놀 수 있는 상황이 되었다.

그 이야기는 즉 일상에서 양육하는 사람들인 엄마와 아빠에게 약간의 틈새 시간이 주어졌다는 말이다. 아이를 길러본 이들은 굳이 말하면 입 아플 정도로 육아와 양육의 고충을 잘 알 테지만, 양육자가 된 피하지 못하는 책무가 바로 '육아'다.

4인 가족 자산 로드맵을 다시 그리기

신생아 육아를 하며 피폐했던 심신이 조금씩 제자리를 찾고 평정심을 찾아갈 무렵, 다시 재테크와 투자 마인드를 일깨워 가계부를 재정립해야 한다는 걸 심각하게 자각했다. 돈이 모아지지 않고, 순환되기는커녕 제자리걸음만 했기 때문이다.

1인 미혼의 가계부는 2인 아이 없는 기혼의 가계부로, 이어서 졸지에 4인의 가계부로 진화하지 않으면 안 된다고 심각하게 생각했다. 아이들을 재우고 틈만 나면 가계부를 세팅하고 항목을 정리했다. 한 달 동안의 육아 소비 흐름을 파악하면서 수시로 예산을 세우고 살림을 재정립하기 시작했다.

'내' 재능과 강점을 이대로 육아에 밀려 잃어버리고 싶지 않다는 마음이 강했기에 이 모든 일이 가능했던 것 같다. 결혼하기 전 1억 원을 모으고 결혼 2년 안에 억대 빚을 모두 갚아버린 초스피드 재테크 실력이 이대로 육아에 밀려 무너지거나 양육에만 찌든 채 나라는 개인은 없어지는 삶을 살고 싶지 않았다.

물론 가족이라는 범위 안에서 역할극에 최선을 다하겠지만 솔직히 '나'라는 개인의 온전한 재능과 능력을 놓치고 싶지 않았던 것 같다. 개인을 향하는 마음은 사실상 어떤 본능적인 욕망 같은 것일 테다. 더군다나 현실적으로는 이제 책임져야 할 아이도 생겼다. 부모라는 기능적 역할이 주어진 이상, 개인 생활을 넘어 좀 더 진지하고 심각하게 단체의 삶과 아이가 큰 이후 나와 배우자의 미래 자산흐름과 축적 재산 목표까지 철저히 고민해야 했다.

목표를 다시 세팅하고 나이에 맞춘 생애주기별 자산 로드맵도 다시 그리기 시작했다. 쌍둥이의 초등학교, 중학교, 고등학교, 대학교 등 시기별로 나누고 현재 맞벌이인 부부의 은퇴 시기를 고려해 몇 가지 플랜을 종이에 정리했다.

그러고 보니 우리 집 자산을 선순환시키며 또다시 증식해내는 데 제일 먼저 할 수 있는 최고의 재테크는 뭐니 뭐니 해도 '육아 지출 절제'였다. 이게 되어야 자산도 잘 모아질 거라 생각했다. 그리고 그렇게 모은 자산으로 더 큰 투자를 할 수도 있을 거라 생각했기에 나로서는 하지 않으면 안 되는 필수적 행위가 바로 육아 지출의 기준을 우리 집 목표 자산에 맞춰 재정립해나가는 것이었다.

우리 집 자산을 지키는 육아 10계명

역시 생각이 뚜렷해지니 행동으로 옮기는 건 지극히 당연한 순서였다. 더군다나 쌍둥이 양육자로 뭘 사도 두 개씩 사야 하는 현실은 절대 무시하지 못한다. 당시에 나름대로 10계명을 세웠다. 이를테면 이런 것들이다.

- 아기 의류　값비싼 브랜드보다는 빨래하기 쉽고 피부에 민감하지 않은 면 종류로 가성비가 좋은 의류를 산다. 성장기이니 한 사이즈 큰 것을 사되 관리를 잘한다. 남들 시선이나 비아냥거림에 현혹되거나 쫄지 않는다. 내 아이는 내가 키운다.

- 아기 장난감　정부 지원 장난감도서관에서 빌린다. 시기별 장난감이나 교구용품 등은 벼룩시장에서 구매해 깨끗하게 소독해서 사용한다. 되도록 장난감에 시간을 의지하기보다는 '엄마 아빠 장난감(즉 몸으로 마구 놀아주기)'을 이용한다.

- 아이 놀이　키즈 카페는 솔직히 돈 낭비다. 입장료가 터무니없이 비싸고 음식도 별로 맛이 없거나 그저 그런데 돈 먹는 하마나 다름없다. 정 가야 하는 시기가 온다면 한 시간 정도가 좋고 습관적으로 가는 것은 철저히 막는다. 그 대신 정부 지원으로 무료입장이 가능하고 키즈 카페보다 더 쾌적하며 놀이 선생님도 있는 유아놀이터를 적극 활용한다. 그밖에 아이들이 자랄수록 어린이도서관을 적극 활용한다.

- 아이 음식　외식은 자제한다. (사실 어린 쌍둥이 데리고 어디 나가서 뭘 먹는다는 것도 정말 쉽지 않다.) 주말에 되도록 직접 만

들어주는데, 그렇다고 식재료를 모두 유기농으로 사지는 않는다. 다만 제철 식재료로 다양한 음식을 먹이려 애쓴다. 사실 일과 육아를 병행하며 아이 음식을 매번 직접 챙기기가 여간 번거로운 수고가 아니기에 구매 대행 음식을 사기 십상이지만 되도록 흰쌀밥에 몇 가지 밑반찬을 미리 만들어두었다가 먹인다. (물론 이건 여전히 내가 못하는 부분 중 하나다. 돈 모으는 것보다 요리해주는 게 더 수고스러울 때가 많다.)

• 아이 명의의 투자 아이 명의의 통장을 만들어 나중에 경제관념을 심어주고 교육하기 위한 명목으로 일찌감치 청약저축 통장을 만들어주었다. 일정 납부기간이 종료되는 시점에 꾸준히 미성년 증여 기준에서 아이 이름으로 종잣돈을 만들어 나갈 계획이다.

• 육아템 구매 유모차나 왜건, 카시트 같은 육아용품은 새것을 사지만 나중에 중고로 되팔 생각으로 깨끗하게 사용하고 잘 관리한다. 몸이 편해지는 육아를 하기 위해 살 수 있는 건 투자라고 생각한다. 다만 너무 비싼 브랜드로 이름과 허울만 좋은 육아용품이 아니라 내 형편에 맞게 산다. 남들이 사는 화려한 육아템에 속지 않는다. 내 구매 기준은 내가 정한다.

• 집안일을 최소화할 수 있는 장비는 구매 예컨대 코드 없는 청소기와 물걸레 청소기를 꽤 비싼 데도 구매한 이유는 그 장비

로 내 시간과 체력 소모를 철저히 막을 수 있는 최적화된 용품이라고 생각했기 때문이다. (훗날 이를 친정식구에게서 선물로 받았으니 감사함에 그들에게 선물과 용돈으로 갚았다.)

- **육아의 외주화** 육아 도우미나 '이모님'을 이용하지 못했다. 안 하기도 했지만 못했다는 것이 더 맞다. 이 책에서 다 말하지 못할 정도의 사연이 있기도 했지만 다둥이 육아 도우미는 일반 도우미 대비 노동 비용을 무려 1.5배나 요구했다. 하지만 비용 대비 부모 만족도가 그리 높지 않았다. 따라서 양가 부모님의 도움을 수시로 받았으며 그 대신 용돈과 선물 등으로 죄송스러움을 대신했다. (이로써 육아비가 꽤 절약되기도 하고 무엇보다 아이들에게 다른 사람 손길이 아닌 엄마 아빠의 손길이 주어진다는 것에 늘 큰 보람과 감사를 느끼며 나름 '버티고' 있다. 아이들은 자라니 일단 버티면 된다. 시간은 우리에게 아주 큰 선물이다!)

- **육아 스트레스 돌파용 소비** 이는 나에게만 해당하지만 스트레스를 받아 뭔가를 사고 싶을 때는 책을 사면서 책으로 도망치곤 했다. 그 책들이 훗날 모두 글감과 귀감과 영감이 될 거라고 믿었기 때문이다. 만약 누군가 육아 스트레스 돌파용 소비를 한다면 자기 기준과 자신의 좀더 먼 미래와 삶을 돌이켜보고 무엇이 남는 소비인지 생각하면 좀 덜 후회할 거라고 본다. 자신만의 소비 기준을 세워보자.

- **교육비** 아직 본격적으로 고민해야 할 시기는 아니지만 언제나 마음속에 교육 가치관을 염두에 두고 있다. 무턱대고 사교육을 시키는 것이 아니라 무엇이 그 시기 쌍둥이의 만족도를 극대화해줄지 늘 생각하고 행동한다. 즉 남들이 하니까 나도 따라 하는 사교육이 아니라 아이 상태를 보고 배우자와 늘 대화한다. 그리해서 선택하는 데 드는 교육비는 덜 후회될 것이다! (솔직히 아직 장담하지 못하겠다. 사교육 현실과 교육 장터(?)가 '헬'이라는 뉴스를 여러 번 접하고 아직 긴장하고 있다. 교육비 항목으로 절약과 저축, 투자를 병행하면서.)

우리 집만의 교육 가치관 그리고 나만의 육아를 잘해낼 수 있게 하는 돌파구와 소비 기준을 찾다보니 남들에게 덜 휘둘린 것 같다. 나 나름대로 육아시간은 기쁘게 채워나가는 것이라는 생각은 육아 자존감도 덩달아 높여준다. 그리하여 조금 더 힘을 내볼 생각이다. 확신은 희미해져도 언제나 확언은 하고 마는 나는 오늘도 마음속으로 외친다. "넌 잘하고 있어. 충분히 잘하고 있어."

오늘부터 1일,
습관성 소비 다이어트 시작하기

매일 스스로에게 미션을 부여해 습관성 소비 다이어트를 해보자. 작은 성공이 일상에서 조금씩 쌓이면 내가 뭐라도 된 것처럼 자신감이 붙는다.

반복적 습관의 놀라운 힘

부끄럽지만 나는 둘째가라면 서러울 만큼 내로라하는 빵순이였다. 하루에 한 끼를 빵으로 먹을 만큼 빵 소비가 일상인 시절이 있었다. 대학교 때 아르바이트하고 나면 알바비의 거의 10% 이상은 동네 빵집에 이른바 성지순례하듯(빵덕후들은 이를 빵지순례라 한다) 가서 각종 신제품 빵을 시식하고 구매하는 재미에 썼다. 그래서 내가 훗날 식음료계통으로 취업할 줄 알았지만 역시 삶은 예측불가다. 미래는 알 수 없고 섣불리 장담해서도 안 된다.

당시 '하루 1빵'의 삶을 유지했다. 그 탓에 훌륭하게 절약하거나 절제하는 삶을 살지 못했다. '1억 원'이라는 목표를 세우기는 했는데 나가는 돈 중 대부분이 빵값이라는 것을 알게 되었을 때는 안 되겠다 싶었다. 그래서 나름대로 일상 속 실현 가능하고 성공 가능한 미션을 스스로에게 부여하면서 빵 소비 다이어트를 했다. 중요한 건 '실행 가능하고 성공 가능한'이다.

지금 생각하면 스스로 그런 과정을 거쳤기에 습관을 다잡는 것이나 새로운 좋은 습관을 기르는 것에 그다지 어려움을 겪지 않는 캐릭터로 성장한 것이 아닐까 싶다. 정말이지 습관은 무섭다. 그리고 그만큼 매우 중요하다. 이른바 '아주 작은 반복의 힘'은 그렇게 일상에서 만들어지고, 그 반복적인 작은 습관이 모여 삶은 변한다.

조금씩 천천히, 습관 미션을 만들고 익히다

빵 소비를 꾸준히 절제하는 것으로 시작했다. 그렇다고 해서 '오늘부터 안 먹어'가 아니라 조금씩 천천히, 꾸준히 줄여나갔다. 일주일에서 이번 주에는 6일만, 그다음 주에는 5일만, 그다음 주에는 4일만, 그렇게 한 달이면 최소한 7회 이상은 빵을 먹지 말아보자 싶었다.

매일 스스로에게 미션을 선물했다. 그리고 다이어리와 가계부에 기록했다. 미션이 성공하는 날에는 다이어리와 가계부에도 빵 소비 명목의 소비가 절약됨과 동시에 스스로 칭찬 스티커나 웃음 표시를 주면서 흐뭇해했다.

이것이 겉으로는 효과가 잘 보이지 않고 남이 알아주는 것은 더더욱 아니다. 모든 것이 자기만족이다. 그런데 이게 참 신기한 매력을 지녔다. 아주 작은 성공이 일상에서 조금씩 쌓이니 되레 내가 뭐라도 된 것처럼 자신감마저 붙었다.

반복적인 작은 성공 사례가 모여 성공 신화까지는 아니어도 '실화'를 만들어낼 수 있다고 믿는 편이다. 그리고 현실적으로 내가 했던 과거의 소비 다이어트야말로 현재 10억 원을 돌파하는 통장을 갖는 데 아주 기본적이면서도 중요한 뼈대나 다름없었다. 여전히 감사하게 생각하는 건 바로 '습관'이다. 그것도 아주 좋은 반복적인 습관 말이다.

우리는 살면서 소비를 한다. 소비는 피할 수 없다. 그리고 경제 순환 주기상 제대로 소비해야 경제가 산다. 잘 쓰자고 잘 모으는 것이다. 그런데 이 소비가 습관적이고 소비 중에서도 단순 소비인지 악순환적 낭비인지, 반대로 습관적으로 선순환되는 투자인지 진지하게 고민해보자.

돈은 정직하다

습관적인 소비와 낭비를 일삼는 이들의 주머니는 늘 비어 있다. 반대로 습관적인 절약과 저축, 투자를 하는 사람의 주머니는 풍요로워진다. 단언컨대 전자에 비해 후자의 축적된 자산 크기와 범위는 그들의 흐르는 시간과 경험을 더하면 어마어마하게 다른 결과를 불러온다.

돈의 세계에서 습관의 결과는 냉정하다. 안 쓰고 모으며 공부해서 불리면 그만큼 돈은 쌓인다. 반대로 돈을 버는 족족 욜로에 소확행으로 단기간에 다 쓰면 훗날의 욜로와 소확생도 그리 쉬울 수 있을까.

없는 살림에 절제하고 모으며 투자 공부까지 해서 자신에게 맞는 투자방식으로 차곡차곡 자산을 불리는 사람과 쓰는 데 익숙해져 습관적으로 소비하는 사람, 아니면 소비는 절제하는데 그 이상 어떤 노력도 하지 않고 하려고도 하지 않으면서 생각만 앞서는 사람은 진지하게 고민해보자. 나는 어느 유형에 속하는가.

고심하고 고민하면서도 결국 결과를 만들어내는 이들은 생각에 그치지 않고 실행한다. 실행이 쌓여 성공 또는 실패 경험이 주어진다. 결과도 중요하지만 무엇보다 그 과정에서 경험이 쌓여 투자에 노련미가 생긴다.

그렇게 시간과 경험이 축적되던 어느 날, 부자는 탄생한다. 부자가 되는 것은 저절로 만들어진 것이 아니라 실행이 따라온 결과물이다.

오늘부터 1일이라는 생각이 앞선다면 습관을 실천으로 만들어 보자. 특히 소비 다이어트를 하면서 종잣돈과 투자금을 만들어낼 수 있다.

시작이라는 마음이 선다면 지금 당장 종이에 기록해보자. 움직인다면 내가 해낼 수 있는 소비 다이어트의 명목이 무엇인지 알 수 있다. 당신도 오늘 당장 1일로 만들기를 감히 기대한다.

소비냐 낭비냐 투자냐? 지출에 이름 붙이기

최소한 지출한 숫자와 기록에 스스로 정의를 내려라. 즉 지출에 소비인지 낭비인지 투자인지 3가지 이름표를 붙여 구분해보는 것이다.

지출에 이름이 필요한 이유

나는 가계부를 관리하면서 가계부 속 모든 숫자에 일종의 이름표를 붙이는 습관을 들이게 되었다. 이유는 간단하다. 그 숫자의 이름을 부르는 순간, 그것의 가치와 의미가 보이는 것 같았기 때문이다.

별건 없을지 모른다. 다만 나만의 소비 또는 저축과 투자 기준, 목표가 명확해지므로 숫자에 이름을 붙이는 것은 마치 통장에 목적과 이름을 붙여 관리하는 것처럼 목표를 이루었을 때 '으쓱' 하게 만들어주는 자신감을 길러준다.

목표 숫자가 달성되면 그 숫자에 붙인 내 의미와 가치도 같이 레벨업하는 것 같아 그 소박한 기쁨을 즐겼다. 나로서는 꽤 건설적인 소확행이었다.

어디로 흐르는지 돈의 방향이 중요하다

방향을 알려주는 특정 기준이 분명하지 않다면 숫자나 통장에 또는 소비에 이름을 붙일 생각도 하지 못할 것이며, 생각한다 해도 고민스러움에 주저할 수 있다. 그래서 목표가 있음과 없음의 차이는 의외로 크다. 최소한 방향을 잃어버리지 않도록 길을 인도해주는 등불 같기 때문이다.

무엇이 되었든 너무 거창하고 대단한 것이 아니라 소박하지만 간단하게 바로 시작할 수 있는 데서 출발해야 한다. 습관이 되려면 시작하기 쉬워야 현실에서 실행으로 움직임을 도출해낼 수 있다.

시작과 실행이 없는 생각은 생각으로만 맴돌다가 그친다. 그 순서가 반복되면 결과로 만들어내지 못한다. 특히 돈의 생리와 투자의 세계에서는 진리인 것 같기도 하다.

생각과 실천 사이에 답은 간단할지 모른다. 실천이 있어야 성공이든 실패든 경험할 수 있다. 박수는 두 손바닥이 맞닿아서 마주쳐야 소리가 난다.

가계부 속 소·낭·투 전략

나는 이 메시지를 현재 운영 중인 가계부 모임에서 만난 멤버들에게 지속해서 강조한다. 최소한 가계부를 꾸준히 쓰는 것을 아주 기초적인 1차 습관으로 들이고, 그다음에는 단순히 기록에서 그치는 게 아니라(그렇게 쓰는 가계부는 안 쓰느니만 못하다. 시간만 아깝다) 최소한 지출한 숫자와 기록에 스스로 정의를 내리도록 권장한다. 즉 지출에 소비인지 낭비인지 투자인지 3가지 이름표를 붙여 구분해보는 것이다.

이것이 한 달 동안 쌓여 결산하게 되는 날, 가만히 살펴보면 내 소비 패턴과 라이프스타일을 직간접적으로 체감할 수 있다.

가계부 속 소비 숫자들에 소비인지 낭비인지 투자인지 나름대로 기준에 따라 이름을 붙이다보면 은연중 체감할 수 있다. 내가 원래 단순 생활비성 소비가 많은 상황에 처했는지, 반대로 수입 대비 소비 내역 중 낭비가 유독 많은 생활을 하는지, 소비해도 그건 결국 내 미래 가치와 경쟁력을 쌓기 위한 투자를 병행하는 현실인지 말이다.

오늘 소비한 커피 한 잔 값인 1천 원이 단순히 습관적 커피 식습관에 따른 소비였는지, 얼결에 마시게 된 계획되지 않은 소비였는지, 만나면 좋은 이야기와 선한 자극을 주고받는 지인과 소중한 시간을 보내기 위한 소비였는지 등 나만의 기준을 세워 의미를 새기고 이름을 붙여보자.

숫자에 이름표를 붙이는 것은 아주 소박한 행위일 수 있지만 해본 이들은 아는지 모르겠다. 내가 직접 이름을 불러주면 그 숫자가 어느 방향으로 향하는지를.

낭비하기를 원하는 사람은 없을 것이다. 그러니 돈을 모아 굴리고 불려서 좀더 편안한 경제적 자유를 누리며 살길 원한다면 지금부터 소비에 이름을 붙여보자.

'묻지 마 절제'는 결코 미덕이 아니다

나만의 기준이 탄탄한 사람들은 쉽게 흔들리거나 함부로 휘둘리지 않는다. 자신만의 가치관과 기준이 명확하기 때문이다.

무리하다가 결국 무리수를 둔다

무조건 허리를 조인다고 개미허리가 될까? 지나친 '묻지 마 절제'는 자칫 소비 폭풍을 불러일으킬 수 있다는 사실을 모르는 사람은 없을 것이다.

소비는 다이어트와 비슷하다. 몸무게를 줄이려고 무리하게 일삼는 다이어트는 건강이라는 가치로는 그리 선한 효과를 불러일으키지 못하고 만다. 요요현상이 따라오기 때문이다. 소비도 마찬가지다. 내 삶의 패턴과 한 달간의 고정·변동 소비 흐름을 먼저 파악하지 않고 무리수를 둔 억제만 가득한 소비는 자칫 삶을 피폐하게 만들며 대인관계에도 적잖은 악영향을 줄 수 있다.

예컨대, 나는 무리해서 '절빵'하던 시절이 있었다. 빵을 먹고 싶은 욕구를 억지로 절제하려 드니 일주일에 한 번 정도 허용되는 빵의 날에는 '폭빵'을 하게 되었다. 지금 생각하면 웃음이 절로 나기도 하지만 당시에는 꽤 심각했다. 너무 꽉 끼는 옷에 무리해서 몸을 맞추다가 그 옷이 터져나가 아예 못 입는 것이나 다름없다. 그것이 바로 '묻지 마 소비 절제'에서 오는 역효과임이 분명하다.

나만의 기준, 그 의미를 생각한다

기준이 있어야 한다. 소비에도 기준이 있고, 소비를 절제하거나 절약해야 하는 이유가 우선되어야 한다. 즉 'why'가 중요하다. 왜 내가 절제해야 하는지 먼저 자기 자신에게 솔직하게 물어보라.

종잣돈이 필요한데 갑자기 월급이 오를 리 만무한 것이 현실이다. 그렇다면 가장 쉽게 컨트롤할 수 있는 것이 '소비 예산'일 텐데, 이 소비액 절제에 무리하다 보면 자칫 낭비라는 후폭풍을 불러올 수밖에 없다. 그래서 기준이 중요하다고 다시 한 번 강조하는 것이다.

그런데 이 기준을 두려면 먼저 '나'라는 사람의 성향과 삶의 가치관을 파악해야 한다. 고작 소비 하나 절제하거나 관리하는 데 무슨 뜬금없는 소리냐고 하면, 절대 뜬금없지 않다고 나는 주장하고 싶다.

재테크 서적 같은 데서 부동산으로 몇십억, 몇백억 소유했다는 투자자들의 이야기를 들여다보면 그들도 소비를 억제하고 투자금을 모아 선순환시켜 각자 부를 완성해나가는 사람들이다. 그들에게는 뚜렷한 자산 목표와 삶의 기준이 있다. 최소한 그런 기준이 탄탄한 사람들은 쉽게 흔들리거나 함부로 휘둘리지 않는다. 자신만의 가치관과 기준이 명확하기 때문이다.

그러니 그들은 실행하는 데도 주저함이 없다. 기회가 왔을 때 그것을 볼 수 있고 그 기회를 향해 온몸을 내던질 수 있는 사람이 부라는 씨앗을 뿌려 삶이라는 농사를 꾸준히 해내고 풍요라는 결과를 얻는 것처럼 말이다.

성공의 맛을 조금씩 쌓자

진정한 부의 미덕은 자신의 저축, 투자, 소비 기준이 명확하고 그 기준 아래 터무니없이 실천 불가능한 계획을 무리하게 실행하는 것이 아니다. 무리수를 두어 좋은 꼴을 못 보았다.

아주 작은 시도라도 성공의 맛을 더 많이 쌓을 수 있는 도전부터 차곡차곡 해내는 것이 중요하다. 원래 다이어트도 요요만 오지 않는다면, 시간이 걸릴지언정 꾸준히 방향만 올곧게 맞춰 실행한다면 결국 원하는 몸무게가 되듯 소비도 저축도 투자도 마찬가지다.

『순간의 힘』이라는 책에 이런 말이 나온다. "절정의 순간은 삶을 살아가면서 우연하게 마주치는 것이 아니다." 절정의 순간은 의식적으로 만들어야 한다는 말이다. 건강한 기준과 무리하지 않는 소비로 좋은 습관을 먼저 쌓자. 그 소비 습관에서 모든 부가 시작될 수 있다.

남을 의식하지 않고 가치 있게 소비하기

불안하거나 좋지 않은 감정 상태를 불러일으키는 시간과 경험의 소비는 가치 있는 소비라고 할 수 없다. 가치 있게 소비하는 습관을 들이자.

▌이 소비에 가치가 있는지 스스로에게 묻자

'가치 있는 소비'는 무엇을 뜻할까? 나는 숫자에도 의미나 가치를 부여하는 걸 꽤 즐기는 다소 피곤한 성격이다. 하지만 이 피곤함 덕분에 여기까지 흘러왔을지도 모른다. 부를 창출하는 데 가장 기본이자 근본이 되는 본질적 기준이 바로 '나만의 부자 가치'가 있느냐 없느냐라고 생각한다.

가치소비, 가치투자, 가치절약, 가치저축…. 이렇게 삶의 가치와 의미가 이타심을 전제한 선하고 튼튼한 상태에서 부를 만들어내는 것이 필요하다. 그런 자산가들이야말로 진정 선한 부자라고 생각한다.

'가치소비'라는 말이 있다. 이는 자신의 삶에서 어떤 가치를 부여하거나 만족도가 높은 소비재는 과감히 소비하고, 반대로 지향하는 가치 수준은 낮추지 않는 대신 가치나 만족도를 꼼꼼히 따져 합리적으로 소비하는 걸 말한다.

경기가 좋을 때는 남들에게 이른바 보이기 위해 소비하는 과시소비가 활성화된다. 반대로 경제가 불황일 때는 무조건 아끼는 게 미덕인 알뜰소비가 유행하는 경향이 있다.

삶의 정서적 만족도를 따져보자

가치소비는 남을 의식하는 과시소비와 다르게 쓰이는 것 같다. 즉 자기가치에 따라 '만족도'에 우선순위를 두어 실용적이고 자기만족적인 성격이 강한 것을 뜻한다. 무조건 아끼는 알뜰소비와 달리 가격 대비 만족도가 높은 제품은 과감히 소비한다.

이런 가치소비 중에서도 실속형 가치소비를 추구하는 편인 나로서는 값비싸다고 모두 좋은 만족도를 제공하지는 않는다는 일념 아래 소비하고 난 후 구매 아이템에 대한 기능적 만족도를 생각한다. 그리고 어떤 아이템을 구매하고 난 다음 심리적으로 얻을 수 있는 만족도도 따져보곤 한다.

예를 들어 대화를 하면 기분이 좋아지는 친구가 있다. 투자로 만난 지인과도 사소한 대화를 주고받지만 그로써 얻게 되는 직간접적 내공과 지식 덕분에 가치 있는 시간을 만들어낸다. 이런 지인들과 술자리를 같이하거나 밥 한 끼를 같이 먹거나 커피 한 잔을 마시는 시간이 주는 경험치가 고맙고 또 가치 있다. 그래서 내 기준에서는 언제나 그런 가치소비를 좀더 많이 하려고 노력하는 편이다. 좋은 소비가 가치도 높여주니 말이다.

반대로 알맹이 없는 일상의 가십거리만 줄기차게 늘어놓는 대화가 연이어지는 관계는 소비를 하고도 뒷맛이 좋지 않은 경험이 한번쯤 있지 않을까? 마음이 썩 개운하지 않게 만드는 소비나 묻지 마 투자 같은 것들 말이다. 마음 상태든 삶의 만족도든 불안하거나 좋지 않은 감정을 불러일으키는 시간과 경험의 소비는 가치 있는 소비라고 할 수 없다.

내 돈이 소중하다면 남의 돈도 소중하다

다른 사람의 시간과 물질, 경험도 소중하게 생각할 줄 아는 사람과 하는 소비는 언제나 가치가 더 있다. 그리고 그들과 소비하는 시간과 경험이 주는 만족도도 삶을 극대화한다. 그들은 이타심이 있고 선하게 베풀 줄 안다. 줄 수 있는 사람과 만났을 때 고마움을 느꼈다면 나 또한 그렇게 줄 수 있는 사람이 되어 진정 삶의 만족도를 극대화할 수 있는 가치 있는 소비를 좀더 많이 해보자.

이왕 쓸 돈 가치 있고 의미 있으며 값어치 있게 쓰는 시간이 많아진다면, 언젠가 내 주머니에서 나간 돈이 2배 이상의 시간과 경험 그리고 때로는 운을 불러일으켜 고스란히 내 주머니에 다시 돌아오는 기적을 맛보게 될지 모른다. 이게 바로 가치소비가 주는 돈의 진정한 선순환작용 아닐까.

가치 있게 고마운 소비를 하는 것, 그렇게 감사함이 남는 소비를 더 많이 하기를 바란다. 그런 면에서 재테크에서도 관계를 정리하는 기술이 필요하지 않을까 싶다. 관계도 하나의 시간소비이고, 그 관계를 가치로 주고받는 에너지 소유자들이 내 주변에 더 많아진다면 진짜 부자로 가는 길도 열릴지 모른다.

하루 10분이라는 작은 시간이 일상 속에서 꾸준히 붙다보면 크건 작건 삶에 좋은 변화가 일어나게 된다. 마찬가지로 살뜰하게 '우리 집' 자산을 관리하다 보면 푼돈의 경제학이 커다란 선물이 되어 돌아올 수 있다는 저축 마인드를 5장에 담았다.

Chapter 5

엄마의 알뜰살뜰
저축 습관

핑계는 제발 그만,
닥치고 목돈 만들기

스스로 핑계 댈 시간이나 여유가 없었다. 닥치고 종잣돈 모으는 데 온 감각과 신경 그리고 시간을 쏟기에도 모자랐으니 그럴 수밖에 없었다.

뚜렷하고 선명했던 목표 1억 원

20대 시절, 막연했지만 1억 원이라는 숫자는 내게 뚜렷한 목표였다. 그리고 갖고 싶었다. 마음에서만 간직했던 이 숫자가 통장 잔고 1억 원으로 기록된 순간, 나는 도서관 벤치 앞에서 맥주 한 캔을 목으로 넘기며 하염없이 울었던 기억이 난다. 왜 그렇게 울었는지 잘 모르겠지만 아마도 스스로 기특하면서 나도 모르게 볼을 타고 눈물이 흐를 만큼 자신을 향한 연민이 깊게 생겼기 때문이었을 것이다.

그럼에도 이루지 못할 것 같은 꿈이나 목표를 마음에 품고 지내는 사람에게 어느 날 그 꿈이 이루어졌을 때, 철저히 자신의 피땀, 눈물과 같은 노력으로 이뤄본 이들은 알 것이다. 그 모든 시간의 짜릿함과 애잔함을, 그 성공은 그것에 그치는 게 아니라 좀 더 건설적이고 풍부한 또 다른 성공을 이끈다는 것을 말이다. 하나의 꿈을 이루면 더 큰 꿈을 꾸게 된다. 그러니 꿈은 꼭 한 번은 목숨 걸고 달려들어볼 가치가 있는 건 아닐까.

처음부터 재테크 고수인 사람은 세상에 없다. 이를테면 투자 마인드와 화려한 재테크 기술과 정보를 타고난 사람은 절대 없다는 말이다. 그렇다면 무엇이 부자를 만들까? 나는 단언컨대 바른 태도와 선한 습관 그리고 그에 맞춘 노련한 실행이라고 생각한다.

내게 주어진 유한한 시간에 최선을 다해 공들이는 정성이 반드시 있어야 한다. 그리고 이것들이 최소한 나라는 사람이 만들고자 하는 돈의 세계에서 열망과 뜨겁게 삼위일체가 되었을 때 비로소 이루어진다. 그게 재무적 목표든, 마음에서 바라는 꿈같은 장면이든 뭐든 말이다.

공들이는 시간에 '내 정성'을 불어넣다

시간과 정성 그리고 치열하게 공들이는 습관이 일상에서 계속된다면 못할 게 없다고 본다. 1억 원은 절대 높은 벽이 아니다. 100만 원을 모으면 1천만 원이 모아지고 1천만 원이 5천만 원이 되어 1억 원까지 가는 것처럼 차곡차곡 쌓아가는 것이다.

이것이 기본이고, 기본은 어긋나지 않는다. 혼돈이 도사리고 있는 세계에서도 질서라는 기본이 흔들리지 않는다면 그 혼돈은 결국 잠들고 만다.

부끄럽지만 나는 스무 살이 되어서야 처음 은행이라는 곳을 '혼자' 가봤다. 그전까지는 모두 부모님에게 의지했다. 엄마는 살뜰히 살림을 챙기고 일했으며, 가계부를 꾸준히 썼다.

돌이켜 생각해보면 내 최고 자산은 어쩌면 내가 태어나고 자라고 보아온 내 가족일지 모르겠다. 태어날 때 우리는 부모나 가족을 선택하지 못한다. 그것은 타고난다. 나는 감사하게도 선한 가족과 만났다. 부모님은 성실했고, 뜨겁게 가족을 지키려는 선한 이들이었다. 특히 여자로 곁에서 지켜본 엄마의 행보가 어쩌면 내 재무습관의 든든하고 감사한 기초자산 아니었을까 싶다.

그렇게 차곡차곡 부자가 되어간다

나는 차곡차곡 시간을 채워나가는 걸 좋아하는 편이다. 또 무언가 원하는 목표가 마음속에 그려졌을 때 되도록 실행을 주저하지 않는 편이다. 다행히 이런 태도가 있었기에 지금이 있었다고 생각한다. 재테크에 문외한이었던 내가, 대학생이나 되어서야 처음 은행에 '혼자' 가봤던 내가, 그리 부자가 아닌 집에서 태어난 평범했던 내가 이렇게 재테크 관련 글까지 쓰게 될 수 있었던 것도 태도 덕분이다. 이 모든 시간이 여기까지 흘러올 수 있었던 데는 스스로 핑계 대지 않은 '나'가 있었기 때문이다.

핑계 대고 싶지 않았다. 최소한 내가 노출된 환경 탓을 하고 싶지는 않았다. 커가면서 그 마음이 더 강해졌다. 최소한 이 유한한 삶을 살 수 있도록 태어나게 해준 부모님 탓을 하고 싶지 않았다. 그래서 성년이 되고 무언가 실천할 수 있는 것들이 좀더 많아지는 상태가 되면, 내가 생각하는 모든 것을 되도록 이루면서 살아보겠노라고 결심했다. 그 의지가 정말 강했던 것 같다.

그러니 스스로 핑계 댈 시간이나 여유가 오히려 없다. 닥치고 종잣돈 모으는 데 온 감각과 신경 그리고 시간을 쏟기에도 모자랐으니까. 그렇게 최소한 돈을 모으고 불리고 키우는 데만큼은 이른바 '닥치고' 정신이 함께했다. 뭐든 그냥 해보려고 했던 것 같다.

핑계는 이제 그만, 내 삶에 미안하지 않도록

노력해도 안 되어 그만두기에는 내 삶이 너무 아깝고 아쉽고 이 삶에 미안했다. 노력해서 안 되어도 괜찮다고 생각했다. 그 시간에 뭐라도 건지는 것이 있을까 싶어서 차라리 될 때까지 해보는 편을 닥치고 택했던 것 같다. 어찌 생각하면 아주 단순한 선택이었다.

핑계는 있을 수 없었다. 내 돈이고, 내가 원하는 것이고, 내 욕망이고, 결국 모든 삶의 과정은 내 선택에 따라 끌려오기 때문에 핑계를 댈 수 없는 건 어쩌면 당연하다.

'내가 태어난 곳이 이른바 금수저 집안이 아닌데, 주수입이 남들보다 적은데, 대기업이 아니라 중소기업 아니 정규직이 아니라 계약직인데, 우리 집 형편이 빠듯한데, 아는 게 아무것도 없는데, 도와줄 지지자도 마땅히 없는데….'

돈을 모으고 불리고 키우다보면 문득 이런 마음이 들 수 있다. 지치고 피곤이 쌓이면 이런 생각이 자연스럽게 싹튼다.

나도 그랬다. 1억 원이 3억 원이 되면서 그렇게 지속적으로 종잣돈을 불려나가 다양한 투자를 시작했다. 또 여전히 절약과 저축을 반복하며 살아가던 어느 날, 문득 마음이 무너져 내리며 '무엇 때문에 이렇게 고생하는가' 하는 연민이라는 감정에 지나치게 물들었다. 종잣돈이라는 풍차가 잠시 정지되어 있던 시기에 나는 두 번째 유산을 했다.

그때 여러 환경 탓을 해댔다. 스스로 핑계가 많아지고 부정적인 말만 했다. 정신 차리고 보니 원하는 삶을 향한 실행은커녕 아무것도 하지 않은 채 울기만 하는 나를 발견했다. 비참했다. 그리 좋지 않은 시간의 기억이 가득했던 것 같다.

긍정적인 일상이 오늘의 부자를 만든다

그런데 이 감정과 생각에 매몰되기 시작하면 한도 끝도 없어 위험하다. 그래서 이 생각마저도 차단하는 나름의 방법이 필요하다. 그래서 아침을 바꿔보기로 했다.

그런데 왜 아침일까? 바로 우주 만물의 섭리에 따라 하루가 시작되는 변치 않는 시간이기 때문이다. 이른바 '미라클 모닝'이 있다. 책 『미라클 모닝』을 나중에 알고 읽었지만, 사실 내가 했던 소박한 일상은 모두 그 책에서 일컫는 미라클 모닝 의식을 행하는 것과 다름없었다.

아침에 침묵하며 고요히 마음을 챙긴다. 거울 보고 한 번 웃으며 양치질과 샤워를 말끔하게 하고, 되도록 아주 선명하고 진하게 어떤 상상을 한다. 다시 웃으며 거리를 활보하는 아름다운 모습을, 슬퍼서 눈물을 흘리기보다는 기쁜 순간에 우는 나를, 글을 다시 쓰고 책으로 만들어내 사람들 앞에서 이야기하며 웃는 '나'를, 음악이 흐르는 멋진 집에서 좋은 사람들과 책 이야기를 하는 모습을 기록으로 남겼다. 그리고 내가 쓴 글을 읽어보는 시간도 마련했다. 상상은 결국 성장이 되었고, 그 성장이 쌓여 지금의 내가 있었던 것은 아닐까 싶다.

시간은 흘러 나는 두 아이의 엄마가 되었다. 그것도 아들 쌍둥이를 둔 엄마 말이다. 여전히 돈을 모으는 것보다 육아가 더 힘든 나는 아이를 키우며 더 잘 알게 되었다. 아침 기분이 하루를 좌우

한다는 것, 그리고 매사 이른바 '탓'을 하는 핑계는 삶에서, 일상에서, 흐르는 시간에서 그리 큰 도움이 되지 않는다는 것을.

도움이 되지 않으면 어떻게 해야 할까? 결론은 아주 쉽다. 바꾸고 변해야 한다. 인생은 한 번이고, 그 한 번인 삶에서 현재가 만족스럽지 않다면 변해야 하는 건 맞지 않는가.

그렇게 스스로 변화가 필요하다고 자각하게 되고, 그 자각에 뜨거움이 용솟음치면 결국 '나'라는 사람은 변하게 된다. 변하고 싶은 마음이 강한 사람들은 그 생각을 현실에서 어떻게 해서든 행동으로 이끌어낼 테니까.

자유로운 삶을 위해 돈은 필수다

그렇게 돈이 삶에서 좋은 친구가 되도록 만들려면 어떤 방법으로든 자신의 부자 기준을 세우고 그 근사치에 접근하려고 최대한 노력해야 한다. 필요하면 변하고 아닌 건 과감히 절제하며 버릴 줄 아는 삶 말이다.

나는 앞으로도 되도록 '돈'이라는 숫자 도구를 위해 모으고 불리고, 필요하면 나만의 '판' 또한 만들려고 한다. 그것을 위해 돈을 다루는 기본 태도를 지키는 걸 잊지 않는다. 절약과 저축 그리고 투자와 공부에 애를 써본다. 너무 애쓰며 사는 것은 좋지 않다지만, 정말 자신이 원하는 삶의 의미와 가치를 위해 살려는 삶에서는, 좋아하는 것에는 애를 써도 된다고 본다. 아니, 반드시 애써야 하지 않을까? 있는 힘껏 말이다.

이 삶은 모두 내가 선택한 것이고, 내 바람이며, 그것이 결국 오늘의 내가 스스로에게 건네는 최고의 시간이다. 이 시간이 흘러 또 다른 꿈을 이루어내게 만들어줄 것을 여전히 굳게 믿으니, 우리는 지금의 나에게, 지금도 흘러가는 시간에, 노출된 환경에 핑계 댈 필요는 없다. 그저 마음이 간절히 향하는 것에 집중하면 될 뿐이다. 지금 이 글을 써 내려가는 시간처럼.

꾸준히 실천하니
20대에 1억 원이 만들어졌다

매달 200만 원 남짓의 적금을 꾸준히 납입하며 본격적으로 종잣돈을 길러나갔다.
꾸준히 벌고 모으고 아끼고 불려서 20대에 1억 원을 모았다.

처음은 누구에게나 소중하다

첫 번째 경제 에세이(나는 이 책을 여전히 재테크서가 아닌 그저
누군가의 소박한 이야기가 담긴 경제 '에세이'라고 말하고 싶다) 『하루
10분 거꾸로 가계부』에는 20대에 1억 원을 만들 수 있었던 나의
20대 시간이 모두 담겨 있다.

그 책을 쓰면서 많이 울기도 했지만 그만큼 기억에 남는 이유
는 내 생의 모든 '처음'이 가장 잘 그려져 있기 때문이다. 처음은
누구에게나 그렇듯 소중하니까.

그 1억 원이 훗날 3억 원이 되고 결국 현재 10억 원을 돌파해
서 선순환되는 이 시간에도 나는 가끔 서재에 꽂힌 『하루 10분

거꾸로 가계부』의 에필로그와 프롤로그를 읽는다. 초심이 흔들렸을 때, 그리고 어느새 스스로 무슨 '탓'을 할 때 교만과 이기심에 빠지려 할 때.

그렇게 첫 책을 보면서 마음을 다잡는다. 그만큼 내 모든 '처음'이 담겨 있어 되도록 잃어버리고 싶지 않은 순수함과 투명함을 마음에 담고 싶기 때문일지도 모르겠다.

20대에 이루어냈던 재테크 결실들

그렇다고 화려한 재무기술을 구사했다는 얘기가 절대 아니다. 다만 20대에 '부자 공부'를 시작했을 뿐이다. 관련 분야 지식을 쌓는 데 도움이 될 수 있다면 시간이 허락하는 범위에서 늘 손에 책을 쥐고 살았다.

예금·적금 같은 기본적인 금융 상품에서부터 펀드, 채권, 주식, 부동산, P2P, 펀딩 등과 같은 전문 분야까지 내가 모르니 알아야 했다. 물론 지금도 모르는 걸 알려고 노력하는 편이긴 한데, 그렇게 20대에 꼬리에 꼬리를 무는 독서가 나에게는 당연했다.

나도 그들처럼 언젠가 내 이야기로 책을 내고 싶었다. 그 열망을 강하게 품고 지내다보니 책을 한 권 읽고 나면 어느새 또 다른 책이 손에 쥐어져 있었다.

본가가 있는 인천에서 분당에 위치한 회사까지 거의 왕복 서너 시간이 걸리는 출퇴근길을 버틸 수 있는 유일한 친구는 다름 아닌 책이었다. 생각해보면 책은 삶에서 가장 큰 재테크 수단이자 최고의 벗이다.

대학생 때 아르바이트를 시작해서 작지만 변동 수입이 용돈 개념을 초월해 스스로 '버는 행위'를 할 때쯤, 앞서 말했듯이 나는 은행에 처음으로 '혼자' 갔다. 그때 긴장했던 일을 생각하면 새삼 웃음이 피식 나온다.

은행원을 대하는 게 힘들었던 15년 전 꼬꼬마 같았던 내가 시간이 흘러 어느새 창구 은행원이 모르는 정보와 지식을 무기 삼게 되었다. 그리고 재무적인 노련함으로 언젠가부터 은행을 '활용'하는 나로 변하게 될 줄 그때는 꿈에도 생각하지 못했다. 어쩌면 그렇게 변할 수 있었던 것은 벌고 모으고 아끼고 불리기를 꾸준히 실천했기 때문일지 모르겠다.

벌고 모으고 아끼고 불리기의 반복

벌고 모으고 아끼고 불리기, 이 네 단계에 다행인지 불행인지 '쉼'은 없었다. 사회 초년생이 되어서는 대학생 때와 달리 처음으로 매달 200만 원 남짓한 월급의 대부분을 적금으로 꾸준히 불입하면서 본격적으로 종잣돈을 길러나갔다.

적금이 모여 만기 이자까지 붙은 목돈을 거머쥐었을 때 그 돈을 '예금'상품에 꾸준히 거치하기 시작했다. 필요하면 풍차를 돌리고(풍차 돌리기는 매달 1년짜리 정기예금이나 정기적금에 가입하는 방법을 말한다) 수익률과 금리를 촘촘히 따져가며 은행 상품 외에 다양한 상품에도 관심을 두고 공부하면서 투자를 반복했다.

지금 돌이켜보면 치열했던 것 같지만 당시 나로서는 당연한 시간이었다. 그만큼 강렬히 '원했기' 때문일지 모르겠다. 열망이 이끈 행동의 결과랄까.

펀드든 연금저축이든 보험 상품이든 주식이든 부동산이든 시작은 미약했다. 다양한 금융 상품을 경험하고 알아가는 시간을 쌓는 과정이 필요했다. 목표했던 1억 원을 모으기까지 도돌이표 같은 이 모든 시간 또한 당연히 필요했다. 모르면 알아야 하고, 알고 나면 한번 정도는 경험을 해봐야 실패든 성공이든 맛볼 수 있다.

그렇게 꾸준히 벌고 모으고 아끼고 불리다보니 스물일곱 살의 어느 날, 나는 통장 잔고 1억 원을 돌파하는 결과를 얻을 수 있었다. 1억 원까지는 금융 상품의 풍차 돌리기와 고위험군 투자성 금융 상품만 활용하는 다소 고루한 시중 금융권의 재테크를 반복하며 돈을 불렸지만 후회는 하지 않는다. 어쨌든 목표에 도달했으니까. 그리고 그 바탕이 튼튼했기에 지식과 실천과 용기가 좀더 필요한 다음 단계 투자도 가능했다.

만약 단시간 안에 화려한 기교와 운발(주식 같은 고위험, 고수익

상품)로 돈을 벌려고 했다면 지금과 같은 튼튼한 재테크 마인드와 기본기는 갖춰지지 못했을지 모른다. 그저 돈을 모으는 데만 눈이 멀었을지도 모른다. 어쨌든 나는 수중에 1억 원이라는 목돈을 가지고 그다음 해 결혼해서 신혼생활을 시작했다.

진짜 어른으로 산다는 것

부모님은 내심 서운해 하셨지만 나는 철저히 부모 도움 없이 혼자 힘으로 결혼하고 싶었다. 결혼 상대를 고르는 것도 '나'이고, 결혼을 하는 것도 '나'이며, 새로운 가정을 꾸려나갈 것도 '나'인데, 나 이외의 누군가에게 물리적인 도움을 받는다는 것이 잘 이해가 되지 않았다.

나는 잘사는 집에서 나고 자라 남편 부모님이 사준, 두 사람이 살기에는 다소 큰 평수의 브랜드 아파트에서 신혼생활을 시작한 친구나 고급스러운 디자인 가구와 비싼 전자제품, 화려한 인테리어를 자랑하는 집에서 신혼을 시작한 커플을 주변에서 보면서도 별로 부럽지 않았다.

오히려 그들은 경제적으로 독립한 '진짜 어른'처럼 보이지 않았다. 돌이켜보면 그들의 기준이 잘못되었다기보다는 '어른의 기준'이 나와 달랐던 것 같다.

나는 어려서부터 진짜 어른이라면 경제적으로 철저히 독립해야 한다고 생각했다. 나이가 들면서 지갑을 여는 게 무섭지 않은 사람, 무언가를 바라고 지갑을 여는 게 아니라 아무것도 바라지 않으며 지갑을 여는 사람, 기브앤드테이크조차 미리 계산하고 지갑을 여는 '매처(Matcher, 받는 만큼만 돌려주는 사람)'나 '테이커(Taker, 받은 것보다 적게 주는 사람)'가 아니라 자신이 좋아하는 사람들에게 가감 없이 투자할 줄 아는 멋진 '기버(Giver, 받는 것보다 더 돌려주는 사람)'로 사는 사람…, 그게 내 부자 기준이었고 여전히 그런 어른이 되고 싶다.

이 꿈은 정말 이루기가 어렵다. 나이가 들어도 경제적 자유를 누리며 선택의 주도권을 쥐고 사는 사람이 그리 많지 않다는 얘기일지도 모르겠다. 이런 관점에서 나는 정말 어른이 되고 싶었다. 숫자로 매겨지는 나이만 찬 어른이 아니라 도움이 필요한 누군가에게 선뜻 지갑을 열 수 있는 진짜 어른 말이다.

돌이켜보면 아이 없는 미혼 시절에 제일 뜨겁게 돈을 벌고 모으고 아끼고 불리는 데 몰두한 것 같다. 물론 지금도 재무 마음가짐과 태도는 20대의 그것과 별반 다르지 않지만(어떤 면에서는 좀 더 경각심이 생기고 더 뜨겁지만) 물리적·현실적으로 아이 없는 미혼보다는 아이 있는 기혼의 삶이 모으고 불리는 데 더 힘들다는 걸 뼈저리게 느낀다.

그래서 가끔 안도의 숨을 내쉬곤 한다. 그때 악착같이 재무목표에 맞춰 모으려고 하지 않았다면, 절제하는 삶을 살지 않았다면, 꿈이 선명하지 않았다면, 이른바 사서 고생하지 않았다면 지금의 편함과 마음가짐은 없었을 테니 말이다.

맞벌이 신혼부부의
재무 리모델링

맞벌이 부부는 같이 벌어서 더 잘사는 가계로 재정립해야 한다. 둘이 번다고 해서
돈이 더 많이 모이는 것은 결코 아니기 때문이다.

함께하면 속도가 붙는 부부의 재테크

우리 부부는 맞벌이로 신혼을 시작했다. 그리고 이 글을 쓰는
지금도 나는 아들 쌍둥이를 둔 엄마이자 투자자이자 직장인으로
살고 있다. 즉 맞벌이를 아직까지 포기하지 않았다는 말이다.

사실 직장은 은연중 꽉 붙잡고 사는 경향이 있다. 혼자 버는 것
보다 둘이 버는 게 더 안전하고 든든하다고 생각하기 때문이다.

경제적으로 독립해야 진짜 어른이고 진정한 자유가 주어진다
는 생각이 강했던 나는 결혼했다고 해서, 아이를 낳았다고 해서
경제활동을 하지 못하게 되는 현실이 못마땅했다. 또 될 수 있으
면 커리어를 놓고 싶지 않았다. 경력단절의 위기에서 나를 놓치

고 싶지 않은 발악이었을지도 모른다.

물론 경제활동을 하며 커리어를 유지하기에 우리 사회 시스템이 결혼한 여성에게 얼마나 불리한지 잘 안다. 그래서 더 포기하고 싶지 않았다. '일(조직에서 하는 일이든, 나만을 위해서 하는 일이든)'하는 여성으로서 누군가의 롤 모델이 되어 보고 싶다는 욕심도 없지 않았다. 경제활동을 꾸준히 하기를 원하는 욕망이 강하기에 여전히 맞벌이는 나에게 아주 당연한 삶이다.

내 몸값 올리는 테크닉 만들기

하지만 이렇게 '업'을 유지하는 목적이 '돈'만을 위한 것이었다면 맞벌이를 오래하지 못했을 것 같다. 나는 스스로 할 수 있는 '일'이라는 범위 안에서 내 능력을 세상에서 시험해보고 싶은 욕구가 강하다.

이런 나에게 '일'은 돈을 버는 것 이상으로 삶에 동기를 부여하는 중요한 과업이기도 해서 섣불리 맞벌이를 그만두고 싶지 않다. 아니, 되도록 오래 일할 생각이다. 창업을 하든 투자를 하든 조직에 속해서 월급을 받든 어떤 '일'이든 말이다. 그리고 경제적 자유를 이루거나 수중에 돈이 꽤 있다 해도 일을 그만두지 않을 것 같다. 일은 나에게 돈 이상의 가치와 경험 그리고 의미를 부여해주기 때문이다.

가정마다, 개인마다 삶과 가치관은 각양각색이다. 그렇기 때문에 맞벌이가 좋은지 외벌이가 좋은지는 함부로 말할 수 없다. 판단과 선택은 각자 몫이다. 다만 맞벌이를 되도록 오래하고 싶은 나로서는 미혼일 때와 달리 맞벌이 부부는 같이 벌어서 더 잘사는 가계로 재정립해야 한다고 생각했다. 둘이 번다고 해서 돈이 더 많이 모이는 것은 결코 아니기 때문이다!

새로 시작되는 2인용 가계부

결혼하기 전에는 혼자만의 월급에 1인용 가계부면 되었지만 결혼이라는 관문을 통과해 기혼의 세계로 들어가면 2인용 가계부가 필요하다. 그리고 이에 맞게 재무목표부터 새롭게 세워야 한다. 혼자가 아닌 둘에다 아이들의 삶까지 더해질 테니 말이다.

나는 혼자보다 둘이 모으면 더 많이, 더 잘 모인다고 믿는 편이다. 사실 단순히 계산해봐도 그렇다. 혼자 200만 원을 벌 때보다는 둘이서 각자 200만 원을 벌면 수입이 2배가 된다.

아무리 수입을 늘려도 혼자 소비할 때보다 둘이 소비할 때, 즉 200만 원어치를 '더' 모아도 그 200만 원어치만큼 '더' 쓰는 행위를 반복한다면 맞벌이는 안 하는 게 나을지도 모른다. 혼자 벌어서는 '빠듯하다'는 형용사가 주는 심리적 위기감을 체감하면서 깨닫는 것이 있을 테니까.

인간이라는 동물이 그렇다. 자기 합리화에 쉽게 자신을 던질 수 있고, 감정선에 따라 얼마든지 그 감정에 매몰될 수도 있다. 즉 아무리 월급이 많은 부부 또는 가계라도 소비 관리가 그만큼 받쳐주지 않는다면 말짱 도루묵이고 밑 빠진 독에 물 붓기나 다름없다.

나는 둘이 잘 모아서 현명하게 소비하고 2배 이상 순식간에 자산을 불리는 맞벌이 부부의 공식이 있다고 생각한다. 바로 통장과 가계 재무 흐름도 '결혼식'을 하는 것이다.

나는 결혼한 이후에는 부부 모두 물리적 결혼뿐 아니라 각자 자산도 합방(!)해야 한다고 강력히 주장한다. 각자 따로 모아서 따로 소비하는 것은 한계가 있기 때문이다.

배우자끼리 서로 월급 정도는 투명하게 공개하고 부부의 주수입을 체크하는 것으로 통장 결혼식이 시작된다. 그리고 가치관과 의견이 일치한다면 '우리 집'이 앞으로 지향할 재무목표 또는 삶의 가치관을 지속적인 재무 대화를 거쳐 하나의 꿈으로 만드는 게 좋다.

의미 있고 솔직한 부부의 재무 대화는 필수

부부의 '재무 대화'는 일상에서 건전하게 되어야 한다. 그리고 되도록 신혼 때 재무 대화로 최소한 재무목표는 서로 합치점을 만들어야 한다. 신혼 때 잡지 못하는(?) 것들은 시간이 흐를수록 잡으려는 생각조차 하지 못하게 될지 모르고, 아이라도 낳으면 삶이 아이에게 집중되는 게 당연해질 테니 말이다.

결혼은 정말 현실이다. 사랑은 그리 오래가지 않는다. 사랑해서 결혼했어도 돈 때문에 싸우는 일이 허다할지 모른다. 결혼 선배들의 드러나지 않은 결혼 이야기 중에는 '돈'과 관련해 생기는 트러블이 많다. 사랑해서 결혼했는데 돈으로 싸우는 일상이 잦아지다보면 부부 사이에 금이 갈 수 있다.

나도 재무 대화를 신혼 초에 하면서 남편과 다툼이 자주 벌어졌다. 그렇지만 심적인 에너지와 스트레스를 감안해서라도 되도록 신혼 초기 아이가 없을 때 이 가치관을 맞추고 싶었다. 지금이 아니면 안 될 것 같았는데, 돌이켜보면 이 생각은 옳았다고 감히 말한다.

수입과 소비 관리의 동일한 목표점과 무엇보다 부부의 생애주기별 계획과 아이 출산 계획 그리고 그에 맞춘 재무목표까지 치열하게 대화하면서 서로 가치관을 이해하려고 노력했다. 다행히 우리는 재무 대화에서 합치점을 순조롭게 만들어냈기에 여기까지 올 수 있었던 것 같다.

이렇게 서로 돈을 결혼시키는 과정, 즉 통장을 합치고 공인인증서를 공유할 뿐 아니라 두 사람, 나아가 아이가 있는 기혼의 삶을 대비해 월급을 투명하게 공개하고 생활비 예산을 세워 현명한 소비를 하거나 미래의 재무목표를 새로 세팅하는 과정은 정말 중요하다.

이렇게 부부가 재무 대화를 잘 이뤄내는 것이 중요하지만 사실 쉽지만은 않다. 어쩌면 재테크로 자산을 불리는 것보다 더 어려울 수 있다.

든든한 내 '편'을 가족 안에서 만든다

돈은 안 쓰고 모으면 금방 모이지만, 사람 마음은 절대 돈으로 살 수 없다. 아무리 돈이면 '편'을 만들 수 있다고 해도, 결국 내가 아니고야 타인을 완벽하게 내 편으로 만들기는 어렵다. 마음은 그렇게 정말 대단한 것이다. 그래서 마음이 서로 '맞아야' 한다.

두 시간 정도면 끝나는 물리적 결혼식을 하는 게 중요한 것이 아니다. 두 사람 마음을 되도록 오래 맞춰가며 서로 오랫동안 좋은 가정과 좋은 집에서 좋은 시간을 만들어 좋은 기억을 쌓는 것이 진짜 결혼의 본질이 아닐까 싶다.

맞벌이로 신혼을 시작한 우리 부부의 월급은 월급쟁이 치고 적지 않았다. 더군다나 나보다 직급이 위였던 남편은 자기 능력을 꾸준히 개발하고 있었고, 고맙게도 젊었을 때 꽤 많은 돈을 모아놓고 있었다. 더군다나 남을 위해 지갑을 '잘' 여는 사람이라는 걸 연애하면서 곁에서 지켜본 터라 내심 소비 습관을 걱정했는데, 결혼해서 보니 절약과 저축과 투자 마인드까지 기초가 튼튼하게 잡힌 사람이었다.

나중에 들어보니 그도 나를 그렇게 봤다고 한다. 경제적인 면에서는 고마운 배우자였고, 이 복을 썩히고 싶지 않아 오히려 같이 힘을 합쳐 그 고마움에 보답하고 싶은 마음도 생겨났다.

나는 자신 있었다. 그와 함께라면 최소한 결혼생활에서 경제적인 여건 상 돈이라는 것이 모자라거나 없어서 싸우는 일은 만들지 않을 수 있겠다는 뜨거운 의지를 불태웠다. 사실 결혼이 그래야 하지 않는가. 결혼은 누가 누구에게 의지하려는 일방적 선택이 되어서는 안 된다고 생각한다. 내 배우자가 될 사람이 혹여 나라는 사람과 삶을 함께 살아가다가 어떤 불의나 곤경에 빠지더라도 서로 부족한 부분은 채우고 조력할 수 있는 관계, 그게 바로 진짜 사랑하는 관계가 아닐까.

결혼하고 부부라는 관계로 새롭게 시작했다면 살면서 한쪽이 곤경에 처했을 때 서로 도울 줄 아는 관계가 되어야 한다. 그런데 이 건강한 부부관계가 댁 내 화평을 유지하려면 '돈'이라는 도구가 선순환되어야 비로소 가능하다고 믿는다. 냉정하고 슬픈 현실일 수 있지만 사랑이 밥을 먹여주지 않는 건 사실이다.

사랑만으로 내 집이 마련되는 것은 아니다. 돈이 없는 것보다는 수중에 돈이 좀 있고 나아가 그 돈을 관리하고 증식하면서 기쁘고 가치 있고 의미 있는 순간을 쌓아가는 관계가 진짜 행복한 삶 아닐까?

내 가족을 도울 수 있는 힘 기르기

배우자에게 불의의 사고가 닥쳤을 때도 경제적 자립을 이뤄 그를 도울 수 있는 능력을 기르고자 했던 나는 억대 빚을 짊어지고 시작한 신혼집에서도 왠지 자신감이 있었다. 빚이 별로 무섭지 않았다.

그 이유는 맞벌이로 신혼을 시작하면서 서로 월급과 수입을 투명하게 공개하고 가계부를 트고 뚜렷한 재무목표를 세웠기 때문이다. 그리고 무엇보다 두 사람의 흔들리지 않은 현명한 소비 습관과 합치점을 이룬 소비 행위 덕분이었다.

아무리 잘 벌어도 수도꼭지 틀어놓듯 돈을 목표도 없이 잘 쓰기만 반복하면 돈은 수중에 모이지 않는다. 반면 잘 버는 만큼 목표를 세우고 현명하게 잘 쓰기를 반복하면 수중에 돈이 쌓인다.

우리 부부는 감사하게도 후자였고, 여전히 후자로 살고 있다. 그 비결은 바로 맞벌이를 시작하며 서로 마음뿐 아니라 돈도 합치하는 재무 리모델링을 한 덕분이었다.

똑똑하고 튼튼한 한 채, 우리 집 장만기

판교에서 나름 노른자위라는 곳에 매입한 땅에 집을 지어 신혼 보금자리를 만들었다. 기본기가 되어 있는 두 사람이 고군분투했기에 가능한 일이었다.

고군분투가 만들어낸 신혼집

나는 스물일곱 살에 1억 원을 모은 뒤 그다음 해 결혼했다. 남편은 나와 비슷한, 아니, 오히려 좀더 칭찬하고 싶을 법한, 20대와 30대에 이른바 일개미로 할 수 있는 모든 재테크 과업을 해낸 사람이었다. 그는 자기 관리에 철저했고 몸값을 올려 연봉을 높였다. 또한 할 수 있는 한 최대의 절약과 저축, 재테크와 투자를 반복했다.

이미 20대에 억대 자산을 모으로 가계부를 철저히 쓰는 꿈이 많은 여자, 마찬가지로 꾸준히 모아둔 튼튼한 자산을 총알과 무기 삼아 일개미로 성실함을 잃지 않으면서 자신이 상상하는 꿈의 집을 위해 바쁜 현업 속에서 틈틈이 땅을 보러 다닌 남자. 두 사람은 판교에서 나름 노른자위라는 곳에 땅을 매입하고 집을 지어 신혼 보금자리를 만들었다. 부자의 그릇으로 따지면 기본기가 철저히 되어 있는 사람들이 만난 건지도 모르겠다.

최소한 내 나이 기준으로 또래와 달라도 너무 다르게 시작한 것 같다. 시작부터 남들이 만들어놓은 성냥갑 같은 집에 들어가서 사는 것이 아니었다. 직접 설계하고 골조를 세우고 인테리어를 하는 집을 '짓기로' 하면서 시작한 고군분투가 이뤄낸 신혼집이었다.

물론 이 꿈의 신혼집을 위해 우리도 대출을 받았지만 대출받기 전후로 상환 계획을 세우면서 단독주택이 아닌 다가구주택을 지어 세를 주었다. 일종의 반레버리지 효과를 활용한 셈이다. 그렇게 시작한 우여곡절 신혼집에서 우리 가족은 2명이 4명이 되었고, 현재 그 집에서 4명의 시간과 기억을 채워나가고 있다.

부자의 다양한 면

세상에는 남이 일궈놓은 질투 나는 '결과'에만 관심을 보이고 쉽게 우상화하거나 겉보기에 잘난 사람들을 질투하듯 험담하는 데 자신의 에너지를 쏟는 어리석은 이들이 꽤 있는 것 같다. 수중에 현금 100억 원을 가지고 있는 부자들은 열심히 노력해서 성공을 이뤄낸 사람들이고, 그렇지 않은 사람들은 그만큼 게으르고 노력하지 않은 성공하지 못한 사람들인가?

100억 부자로 살아도 시련을 겪는 이웃을 위해 마음 한쪽 내주지 못하는 지독히 이기적인 사람이나 더럽게 모은 돈을 자신의 이익만을 위해 쓰면서 남을 위해 지폐 한 장 꺼내기를 꺼리는 자본가는 부자가 맞는가?

수중에 돈은 별로 없으나 심성이 바르고 곧은 사람이 운이 좋지 않아서 사기꾼들의 거짓 행위에 속임을 당해 힘들게 살지언정(사실 그렇게 살아서도 안 되지만) 사람이 돈보다 귀하다는 걸 알고 없는 살림에 지폐 한 장 꺼내 형편이 어려운 친구에게 밥 한 그릇 선뜻 대접하는 사람이 정말 부자 아닌가?

부자의 기준은 도대체 무엇일까? 부자의 기준은 그저 '숫자'에 불과할까? 그리고 숫자가 기준인 부자들의 죽음 또는 장례식은 어떤가? 화려한 죽음이라는 것이 있는가? 죽어서 존경받는 부자는 과연 어떤 이들인가?

뜬금없으나 성공이든 실패든 당사자만이 겪었을, 눈에 보이지 않는 시간과 정성의 결과 앞에서 우리는 함부로 그 또는 그녀의 삶을 성공했다거나 실패했다, 옳다거나 그르다고 판단할 수 있을까?

나는 그럴 수 없다고 본다. 평수가 작든 크든, 직주지(직장과 주거의 근접지)에 초품아(초등학교를 품은 아파트)든, 단독주택이든 다가구주택이든 다세대든, 전세든 월세든 반전세든 자가든, 사는 형태는 그들 사정이다. 누구든 삶의 주인은 바로 자신이며, 아무도 함부로 '남'의 삶을 단정할 수 없다. 주거 형태가 다양하듯이 삶도 사연도 다양하고 그 이야기 주인공만 기준을 세울 수 있다. 상처라도 그것을 받을 권리와 의무는 '나'에게 있기 때문이다.

내가 상처받지 않겠다고 결심하면 결국 상처받지 않을 테고, 내가 사랑하고자 결심하면 뭐든 사랑하지 않을 대상은 없을 것이다. 그렇듯 내가 부자로 살기를, 내 집을 반드시 갖기를, 우리 집 기준에 맞춰 꼭 이뤄내기를 강하게 열망하면서 다시 시작한다면 어떤 면에서든 원하는 것을 갖게 될 것이다.

오직 '나'의 '현재'에 집중하기

타인의 삶에 칭찬과 용기를 북돋아주기는커녕 험담하는 것만큼 살면서 시간 낭비인 일이 또 있을까? 나는 20대에 1억 원을 모았다고 했을 때, 남편과 결혼하고 이른바 노른자위 땅에 단독주택(정확히 말하면 다가구주택)을 지어 신혼을 시작했다고 했을 때 주변의 따가운 시샘과 지독한 오해를 겪어야 했다.

타인의 어쭙잖은 이른바 악성 댓글이나 루머는 물론 친구들마저 시샘 가득한 칭찬 아닌 칭찬을 해준 덕분에 내 상황과 나 자신을 돌아볼 수 있었다.

한편으로는 그럴수록 진짜 부자로 보람차게 잘 살아주겠다는 다소 독기 어린 의지마저 샘솟았다. 지금 생각해보니 타인의 시샘을 잘 선순환(?)해서 자기계발을 하며 내실을 다질 수 있었던 감사한 시간이었다. (하지만 그런 따가움을 감사한 마음으로 전환하는 정신승리는 이제 덜하고 싶은 게 사실이다.)

똑똑한 한 채, 어쩌다 레버리지

내가 하면 로맨스고 남이 하면 모든 게 다 불륜이라고 어떤 근거로 우리는 함부로 사람들의 관계를 정의할 수 있는가? 타인에게 쉽게 손가락질해대는 인간이라는 이기적인 동물은 맹목적이고 편협한 시선으로 앞뒤 맥락과 사실관계를 보지 않은 채 말을 옮긴다. 신혼 초 우리의 똑똑하고 우량한 한 채는 사실 내게는 처음부터 그렇게 튼튼하고 좋은 보금자리로만 느껴진 것은 아니다.

이른바 레버리지를 아직은 적극적으로 활용하지 못하는 재테크 병아리였던 내게 억대 빚을 지면서 시작한 신혼살림은 여간 부담이 아닐 수 없었다. 그래서 대출이자 금리를 비교했을 때 그 이자만큼 투자하지 못하는 현실을 철저히 파악했다. 당시 내가 할 수 있는 최고 재테크는 빚을 갚아서 대출 이자를 상쇄해나가는 것이었다.

부동산 갭 투자 전문가가 이런 내 행보를 보았다면 '낡은 재테크'를 한다고 또는 레버리지를 잘 활용하지 못한다고 쓴소리를 했을지도 모르겠지만 나는 지금 생각해도 후회하지 않는다. 내 투자 기준이 뚜렷하고 또 실행과 판단을 하는 기준이 '나'인 만큼, 내가 잘 알지 못하는 투자를 남들 말만 믿고 섣불리 할 수 없었다.

70만 원 정도 되는 대출이자만큼 투자이익을 단시간에 얻지 못하는 우리 현실과 계속 흘러가는 시간을 간과할 수 없었다. 나에게 시간은 돈이나 다름없는 중요한 가치였기에. 언제나 그러하듯 나에게는 돈보다 시간이 우선순위이고 가치가 있다. 그리고 그것은 투자의 세계에서도 일정 부분 통한다. 시간과 자산, 이른바 부는 관계가 긴밀하기 때문이다.

시간을 되돌리거나 가는 시간을 막지 못하듯, 투자하는 시간과 내가 만든 금융 상품의 이익 대비 당시 대출 빚 이자는 도저히 감당하지 못할 수준이라고 생각했다. 여기서 '감당'이라는 의미는 은행에 고스란히 내주고도 괜찮을 좋은 빚이 되지 못한다는 것을 의미한다. 더군다나 심적으로도 내가 느끼기에 좋지 않은 불편한 빚은 되도록 없애버리는 아주 단편적이고 낡은 재테크를 고수했다.

근저당이 없는 집의 주인을 만나기가 흔치 않은 시대에 나는 결국 빚을 다 갚았고, 현재는 저당 없는 부동산으로 이른바 세주의 삶을 살고 있다. 이게 옳은 길인지 아닌지 시시때때로 변하는 시장 금리와 재테크 상황에 따라 천차만별로 정의할 수 있지만 그들은 모두 내가 아닌 타인들이다. 중요한 건 '내 기준'일 텐데, 현재 우리 집 그리고 우리 부부 기준으로는 다가구 단독주택에서 사는 삶이 든든하고 편하다.

그래서 여전히 똑똑한 집 한 채 있는 나는 관리되지 않는 불안한 빚과 채무로 열 채, 스무 채 소유하면서도 겉으로는 현금 파이프라인을 뚫었다느니 어쩌니 하는 사람들이 별로 부럽지 않다. 유료 주식 트레이닝으로 몇 천만 원대 금융 이익을 봤다는 사람들 말에도 별로 마음 쓰이지 않는다.

▎고마운 한 채는 자산형성의 든든한 디딤돌

진짜 고수로 선한 부자들은 그렇게 섣불리 쉽게 돈을 얻으려 하지 않을 것이며, 돈이 궁한 이들에게 재테크 기초를 가르쳐주지는 못할망정 빨리 돈 벌 수 있는 길을 알려주겠다는 투자자나 부자는 진짜가 아니라고 생각된다. 그래서 진짜 고수는 기본이 튼튼하고 기본 밖에 이야기하지 않을지도 모른다.

편한 우리 집 한 채 덕분에 나는 더 다양한 금융 상품에 투자하는 경험을 쌓을 수 있었다고 지금도 굳게 믿는다. 왜냐하면 비빌 구석이 있기 때문이다. 천재지변이 아니고야 절대 무너지지 않을 든든한 우리 집 한 채가 우리 가정을 지켜주고 있다. 또 든든한 곳간처럼 튼튼한 투자금이 마련된 통장이 있어야 더 큰 투자나 더 큰 부의 반열에 오를 지렛대가 될 수 있다고 본다.

집에 투자하는 관점도 마찬가지다. 부채가 과하지 않은 튼튼하고 똑똑하며 우량한 한 채가 요즘 내 정답이다. 그래서 나는 집은 무조건 첫 번째로 투자처가 아닌 내가 살기 편하고 좋은 거주 목적이 기반이 되어야 한다고 생각하는 편이다. 그래야 다음 집도 만들어질 수 있다.

요즘 서점가를 돌아보면 부동산으로 몇십억, 몇백억 대 자산가가 되었다는 식의 부동산 성공 불패, 투자 에세이가 쏟아져 나오고 있다. 물론 성공 수기를 쓴 저자들의 피땀, 눈물을 무시하겠다는 것은 아니다.

나도 시작은 미약하지만 부동산으로 자본 파이프라인을 뚫어낸 경우이지만, 다만 이런 이야기도 결국 '나'가 아닌 '남' 이야기일 뿐이라는 점을 다시 한 번 강조하고 싶다. 더군다나 사실관계를 파악하지 못한 채 책 몇 권 읽고 주식이니 부동산이니 비트코인이니 하는, 활자나 텍스트로 '난 이렇게 성공했다'는 상업 출판 책을 맹신하며 따라 하는 투자 치고 성공하는 경우는 정말 못 봤다.

모든 것은 경험이 이루어내는 결과라고 본다. 이 경험 자산이 자기 것으로 튼튼하게 골조 공사가 제대로 되지 않고야 사상누각에 불과하지 않을까.

어쩌다 쌍둥이맘, 4인 가구 가계부 재탄생

쌍둥이를 낳은 뒤 육아비와 미래 투자비 명목으로 교육비와 가족 여행 자금,
아이 창업 자금이라는 명목 아래 재무목표가 신설되었다.

최대 위기, 최선의 시간

나는 스물여덟 살에 결혼해서 그해 유산을 했다. 나로서는 생애 최대 위기였으며, 이는 나라는 개인뿐 아니라 우리 부부의 결혼생활에도 좋지 않은 영향을 미쳤다. 다행인지 불행인지 그즈음 나는 워커홀릭처럼 일에 매몰되는 삶을 살기로 했다. 그게 나로서는 할 수 있는 최선이었다.

그래서 일만 하느라 버는 족족 쓰지도 못했다. 그럴 마음이 별로 들지 않았던 건지도 모른다. 무턱대고 필요하지 않은 것에 감정 소비하는 데 익숙하지 않은 사람으로 단련되었으니까.

또 월급받는 일터의 일 이외에 할 수 있는 온갖 대외 활동을

모두 했다. 투자 공부든 실제 투자 활동이든 원고를 쓰든 강의를 하든 아르바이트를 하든 뭐든 했다. 머릿속에서 유산한 아이를 떨쳐낼 수 있는 활동을 병행해야 그나마 살 수 있었다.

삶은 이처럼 때로는 잔인하고 때로는 아이러니하다. 당시 통장 잔고는 더없이 불어났지만 무의미한 증식이었다. 그러나 지금은 그 시간이 고맙기도 하다. 뭐든 움직이고 마음먹은 걸 실행하는 습관을 더 혹독하게 단련해나가는 계기가 된 것이 바로 이 고통의 시간이었다. 몸이 피곤한 것이 마음이 피로한 것보다 훨씬 낫다고 생각해 스스로 만들어낸 시간이기도 했다.

치열한 시간 속, 어쩌다 가계부 책 만들기

그때 첫 번째 원고를 책으로 만들었고, 그것으로 가계부가 자산관리를 셀프로 하는 데 아주 고맙고 소중한 도구라는 진리를 강의에서 열심히 퍼뜨렸다. 그렇게 바쁘게 지내며 유산을 잊고 살 만하게 되었을 때쯤 두 번째 유산을 했다. 회사에서 쓰러졌는데 복강경 수술을 하면서 임신 상태였다는 것을 알게 되었다.

임신한 줄도 모를 정도로 바쁘고 치열하게 살았다. 모든 목표와 꿈이 산산조각 나서 삶을 포기하고 싶을 지경이었다. 돈을 모으는 이유도 없어졌다. 잘 살자고 하는 건데 나는 잘 살지 못하는 것 같았다.

삶의 의미와 이유를 잃어버린 나로선 두 번째 위기가 불현듯 닥쳤다. 사실 그 당시에는 별로 살고 싶지 않았다. 시야가 흐려지고 배우자를 향한 사랑의 감정도 모두 고갈되려던 차였다. 아무래도 좋았다.

그런데 습관이 정말 무섭다. 정신을 차릴 무렵 나도 모르게 다시 일기와 가계부를 쓰고 있었다. 이건 마치 끼니를 내내 굶다가 배꼽시계가 나도 모르게 꼬르륵 소리를 내면서 밥 달라고 외치는 본능적인 소리처럼 정신 차리고자 제일 먼저 한 일이 먹는 것이 아니라 몇십 년간 해온 일기나 가계부를 다시 쓰는 것이라니.

아무튼 나는 그렇게 쓰고 기록하고 어떤 시간이나 기억을 복기하는 것이 체득되어버린 인간이었다. 병원비를 정산하고 보험사에 실비를 청구하며 나중에 환급되는 보험 정산을 해내는 도중에도 나는 그 기록마저 꼼꼼히 복기하며 눈물을 흘렸다.

4인 가족 가계부의 상상

그러면서 4인 가족 가계부의 예산과 흐름을 미리 작성해보았다. 그렇게 되기 위해 지금껏 우리 부부는 열심히 집을 만들고 가꾸고 또 편안하고 든든한 보금자리로 일구기 위해 그토록 치열하게 애쓰면서 살아냈다. 하지만 그만큼 원했던 아이를 두 번이나 잃고 나서 다 포기하자 싶으면서도, 막연히 3인 또는 4인 가구가 되면 가계부가 이렇게 만들어지겠구나 싶어 나도 모르게 작성한 '상상 속 가계부'. 나는 2인 가구일 때 4인 가족 가계부를 미리 만들어본 것이나 다름없었다.

'지출은 이 정도로 늘어나겠지. 아마 육아비로 이 정도가 들어가지 않을까. 사교육은 어떻게 할까. 남들을 따라가는 교육이 아닌 우리 부부만의 교육 가치관을 더 만들어나가야겠다. 아이들에게 수영도 가르쳐주고 싶은데. 악기도 하나 정도는 할 수 있으면 좋겠다. 피아노와 영어와 일본어는 내가 가르치고 수학은 남편이 시간 될 때마다 틈틈이 봐주면 도움이 되지 않을까. 잘은 모르겠지만, 한 명을 가지고 또 한 명이 태어나기 전 어느 정도 목돈이 마련되어야 버틸 수 있지 않을까. 그즈음 신축 단독주택에 좁아도 3층 집으로 이사 가면 좋겠다. 그럼 땅과 집을 알아봐야 할 텐데, 거리는 역시 직주지가 좋겠지. 또 알아봐야겠네.'

이런 생각을 달고 지냈다. 누가 보면 우스울 헛된 상상 말이다. 그러나 나는 진심이었다. 그렇게 진심으로 바라던 것을 그저 적고 생각할 뿐이었다. 내가 할 수 있는 최선은 그저 생각에 장면을 얹어 생생하게 꿈꾸는 것 외에 달리 할 수 있는 것이 없었다. 언제나 그러했듯 핑계 대기보다는 내가 할 수 있는 기준에서 모든 것을 행할 것. 그게 바로 나라는 사람이 여태껏 스스로 단련해나간 '슬플 때도 나를 사랑하는' 법이었기 때문이다.

신기하게도 생각은 모든 행동에 앞선다. 이 진리를 과연 사람들은 얼마나 알까. 그때 3인·4인 가계부를 상상밖에 하지 못했는데 몇 년 지나지 않아 '실전'에 돌입하게 될 줄이야.

정말이지 꿈에서만 생각하던 일이 내게 일어났다. 아이 낳기를 포기하고 지냈고, 굳이 아이 없이도 살 수 있다고 다 내려놓고 살던 어느 날, 임신 테스터기의 두 줄과 함께 찾아간 산부인과에서 임신을 그것도 한 명이 아닌 다태아, 즉 쌍둥이를 임신한 것을 확인할 수 있었다.

그런데 쌍둥이 육아는 지옥의 문이 열린 거나 다름없다. 돈 모으기, 불리기는 고사하고 잠잘 시간도 없었다. 수면이 턱없이 부족하고 몸과 마음이 독박 육아로 피폐해지는 마당에 돈이고 뭐고 재테크고 가계부고 당시엔 손 놓은 채 약 1년을 살았다.

그럼에도 아이가 있기 '이전에' 미리 생각해 예산을 책정해보고 세팅해둔 상상 가계부 속 4인 가계부 덕분에 정말 물같이 쓰고 말 외식이나 육아용품 구매 지출이나 소비 행태에도 무의식적으로 내가 스스로 단련해둔 덕분이었을까. 경제적으로 그리 큰 육아 부작용이 일어나지는 않았던 것 같다.

아이 없는 맞벌이, 최적의 재테크 황금기

나는 최고의 재테크 황금기는 둘이서 버는 맞벌이에 아이 없는 기혼 시절이라고 여전히 주장하고 다닌다. 아이 있는 기혼이나 갑자기 육아로 배우자 한쪽이 벌이를 잃게 되는 날이 오기라도 하면 물리적·현실적인 가계부 속 우리 집 수입과 자산흐름은 그 이전에 비해 판이해진다. 왜냐하면 사람 한 명당 소비되는 것에 가속도가 붙기 때문이다.

그래서 나는 지금도 여전히 가계부 강의를 하거나 사회 초년생인 신혼부부들에게 강연할 때 강력히 주장한다. 젊었을 때 고생은 부디 사서 하시면 좋겠다고. 아이 낳고 재테크하려면 웬만한 의지와 뜨거운 열망과 실행력 없이는 쉽게 실천할 수도, 그로 인해 어떤 성과를 얻기도 쉽지 않기 때문이다.

아이를 낳아 정신없이 기르다가 정신을 좀 차릴 무렵 복직하려고 애썼다. 그리고 복직과 동시에 아이들을 어린이집에 맡기면서 다시 가계부를 정립해나갔다. 생활비에는 미리 한 달 예산을 잡아두었고, 이중 아이 육아비와 미래 투자비 명목으로 교육비와 가족여행 자금, 아이 창업자금이라는 명목 아래 재무목표가 새로 신설되었다.

이런 항목은 가계마다, 자녀 교육관마다 천차만별이기 때문에 뭐가 정답이라고 할 수 없을 테지만 중요한 건 우리 가계에 가족구성원이 한 명 또는 두 명 추가되었기에 그만큼 다시 가계부와 자산 목표 그리고 우리 집과 삶의 방향을 재정립해나갈 필요는 분명 있다고 본다. 그래야 덜 불안하고 더 기쁜 진짜 완전체인 우리 집이 탄생될 수 있다.

아이들 출생으로 시작된
쌍둥이 저축 통장

> 대학 교육 자금이나 창업 자금을 대주는 수준의 단편적인 부를 세습하게 만들고 싶
> 지는 않다. 나도, 남편도 아이들에게 그럴 생각은 없다.

▌아이들에게 부자 씨앗 심어주기

언제나 상상했고 여전히 내 꿈 중 뚜렷한 목표 하나는 쌍둥이들에게 '선한 부자 엄마'가 되는 것이다. 여기서 부자 엄마는 단편적으로 거대한 자산증여나 상속을 일삼는 사람이 아니다.

물론 그리될 수 있다면 더할 나위 없이 감사하겠지만 그보다 본질적으로는 두 아이가 홀로 세상을 살아가는 현실에 맞닥뜨렸을 때도 용기를 잃지 않고 자신감 있는 경제적 독립체로 자립할 수 있는 '진짜 어른'이 될 수 있게 보듬고 키우는 도리를 다하고자 한다.

여기에 '부자 엄마'의 성격을 살려 1천 원을 100만 원으로 만

들 줄 아는 그릇, 행동을 할 수 있는 부자 그릇을 가진 자세와 태도가 필요하다. 또 자신의 진정한 삶 속에서 생산자로 살아갈 수 있도록 아이들을 잘 이끌어주는 사람이 되는 것이 지금 나의 뚜렷한 목표이고 우리 집 재무목표이자 방향이다.

그 과업이 있기 때문에 우리 집 주머니 안에 들어오는 모든 자산과 수입에 감사하지 않을 수 없다. 이 모든 것이 훗날 내 아이들에게 경제교육을 위한 글감과 이야깃거리들이 되기 때문이다.

부자의 시간을 물려주자

아이들에게 물려줄 수 있는 최고 자산은 바로 '시간'이고 '경험'이며, 그 시간과 경험을 대하는 부모의 '태도'이고 '습관'이다. 이 모든 시간이 경험 자산이다. 그리고 이 습관에 담긴 부모의 정성은 반드시 경제교육의 일환으로 아이들에게 세습되어야 한다.

부의 세습이라는 것이 별게 아니다. 이런 부자 부모의 습관이 부로 세습된다. 그리하여 나는 경제교육의 무서움과 중요함을 동시에 깨닫는 중이다. 엄마가 되어서야 비로소 부모님이 내게 물려주신 대단한 자산이 무엇인지 깨닫게 된 것처럼. 바로 양육자라 일컫는 이들의 습관이야말로 내가 물려받은 최고 자산이자 재산이다. 이것은 어떤 증여세나 상속세가 붙지 않는 최대 가치 재산이라는 걸 지금은 잘 알게 되었다.

단순히 대학 교육 자금이나 사업이라도 하고 싶을 때 창업 자금을 대주는 수준의 단편적인 부를 세습하게 만들고 싶지는 않다. 나도, 배우자도 그럴 생각은 없다.

다만 가장 중요한 것은 '경제적 독립을 한 진짜 어른'으로서 아들 둘이 세상을 살아갈 때 스스로 용기를 낼 줄 아는 것, 다변하는 시장에 민감하게 반응할 줄 아는 지식과 경험의 생산자가 되는 것이다. 또 지식에서 그치는 것이 아니라 그걸 활용해 자신만의 세계 안에서 자신의 부자 기준 아래 생산자로서 경제적 자유를 만들어낼 줄 아는 어른으로 성장할 수 있게끔 경제교육을 하는 것이다. 그 일환의 가장 기초로 나는 쌍둥이가 태어나자마자 아이들 명의로 통장을 만들어 소액이지만 꾸준히 목돈을 불입하며 자산을 불려나가는 중이다.

부는 준비되고 진화되며 세습된다

아이 둘에게 숫자와 돈의 개념이 생겼을 때를 대비해야 한다. 무엇보다 아이들이 학교라는 교육시스템에 들어가게 될 때쯤 학교에서 미처 가르쳐주지 않는, 아니, 아무데서도 가르쳐주지 않는 비밀스러운 교육과정인 '돈 교육'만큼은 철저하게 해야 한다고 믿는다.

그리고 가르치려면 내가 가장 잘 알고 실행해야 한다. 섣불리 가르칠 수 있는 것은 세상에 없다. 솔선수범이 기본이 되어야 한다.

오늘날 학교에서 돈에 대해 가르치지 않는다는 것은 정말 이해할 수 없는 일이다. 사실 쓸데없는 걸 더 많이 가르치는 것 같다. 그리고 그 쓸데없는 것을 쓸모 있다고 가르치는 이상한 교육 시스템 안의 과목들이 너무 많은 것 같아서 안타깝다.

모든 재테크 책에서도 이를 강하게 주장하고 있고 나도 동의한다. 나도 학교 다닐 때는 지금은 별로 쓸모없는 방정식이나 미적분이 더 중요하다고 배웠다. 돈을 모으거나 불리거나 자산을 만들어낼 줄 아는 생산자로서 어떻게 사는지는 배우지 못했다.

나중에 성공했다는 이들의 성공 수기를 책에서 읽으며 직간접적으로 체감할 수 있었다. 부를 어떻게 형성하고 일구는지는 물론 우리가 손대지 못하는 영역인 '운'의 세계도 부자가 탄생하는 데 정말 중요한 열쇠라는 것을. 그러니 비록 운이 없어 부를 일구는 데 실패하더라도 '운의 세계'는 내 능력 밖의 일이므로 너무 의기소침하거나 주저하거나 좌절할 필요가 전혀 없다는 사실마저!

나는 아이들에게 내가 그간 체득했던 모든 것을 조금씩 알려주려고 한다. 그래서 되도록 아이들 명의로 적금이든 예금이든 우량주 1주를 준비하든 훗날 아이들 경제교육을 위해 틈틈이 준비하며 실천하고 있다. 이것이야말로 내가 아이들을 위해 할 수 있는 최선의 재테크라고 생각한다.

우리는 기껏해야 용돈기입장을 어떻게 쓰는지, 주식시장에서 주식을 어떻게 사고파는지, 은행에 돈을 어떻게 저금하는지, 퇴직연금이 어떻게 노후를 보장하는지를 학교 또는 책에서 배우는 것이 전부일 수 있다. 이 모든 것이 바로 자신이 번 돈을 부자들에게 고스란히 되돌려주는 방법이라는 것도 뒤늦게 깨달을지 모른다.

금융교육의 허와 실

진짜 부자들에게 돈 버는 정답은 따로 없고 설령 있다 해도 절대 다른 사람에게 쉽게 가르쳐주지 않는다는 것쯤 우리는 이제 잘 안다. 금융교육이라는 명분으로 은행가나 보험·재무설계사를 초빙해 아이들을 가르치는 경우도 있지만 약간 거칠게 말하면, 그것도 결국 그 '금융 상품을 판매하는' 특정인들의 철저한 이익을 위해 움직이는 것일지 모른다는 의심을 하지 않을 수 없다.

그건 진정한 경제교육이라기보다는 그저 더 많은 특정 설계사 또는 회사를 위해 노동을 바쳐야 월급이 돌아오는 미래 고객을 단순하게 끌어들이는 행위라고 다소 거창하지만 감히 표현할 수 있다. (그래서 나는 여전히 설계사들을 무턱대고 신뢰하지 않는다. 그들은 여전히 함부로 고객의 돈을 기준 짓고 다루려는 무례를 범한다.)

아이들 명의로 오래된 재테크의 하나인 은행에 저축해 목돈을 만들고 그 돈을 투자금으로 해서 자신이 공부한 경제활동 중 자신에게 가장 잘 맞는 곳에 '투자'하라고 닳고 닳은 말을 반복하고자 하는 이유는 '습관'과 '시간' 그리고 그 시간에 공들이는 '정성'을 가치 있게 보기 때문이다.

정성스러운 움직임이 정말 중요하다. 비록 낡아도 괜찮다. 그것도 해본 사람만이 일궈낼 수 있는 작은 성공이다. 그 작은 성공이 정성스럽게 시간과 닿아 공들이듯 모이고 또 모여 거대한 부를 만들 기회를 준다. 하다못해 '운'을 끌어들일 수 있는 부의 그릇은 그렇게 넓어질 것이다.

낡은 저축 습관도
꾸준하면 정답이 된다

금리를 0.1%라도 더 주면 그 상품에 가입했다. 풍차 돌리기를 시작했고 적금과 예금은 모두 단기로 해서 목돈을 마련했다. 목돈이 마련되면 다시 굴리고 불렸다.

비법이라면 한결같은 꾸준함

꾸준함은 중간에 중단하거나 멈추지 않는 한결같음을 말한다. 나는 이 한결같음을 좋아한다. 그리고 이 한결같음에 시간이 길어지고 그 길어지는 시간에 정성이 붙고 공들이는 태도가 함께한다면 비록 낡은 재테크라 할지라도 누군가에게는 '정답'이 될 수 있다.

지극히 평범했던 우리 부부가 부동산 외에 순자본 10억 원 이상의 현금자산을 보유할 수 있는 우리 집 재무 주치의로 현재를 살 수 있게 된 최고 비결로 나는 여태껏 꾸준했던 '정성스러운 습관'과 그 습관의 '한결같이 공들이는 꾸준함'을 든다. 그 어떤 화려한 재테크 비법이나 기술보다 이것이 우선이고 진리라고 말하고 싶다.

이건 아무리 강조해도 지나치지 않다. 한 끗의 태도에서 그리고 보이지 않는 아주 작은 반복의 힘에서 결국 부자는 탄생한다.

사실 나는 아는 게 별로 없었다. 대단한 재무 지식을 처음부터 보유했을 리 만무했다. 다만 책 읽고 글쓰기를 남들보다 조금 더 즐겼다. 여기에 자유와 경제적 독립이라는 열망이 붙기 시작할 무렵 다소 무리다 싶었지만 뚜렷한 재무목표를 세웠다.

1억 원이 내가 목표로 한 숫자였다. 이 숫자를 반드시 돌파해야 이른바 더 큰 부자가 될 수 있을 것 같았다. 그다음에는 책으로 공부했다. 닥치는 대로 관련 분야 책을 읽었고, 실제 투자도 병행했다.

공들이지 않은 것에 기회는 없다

나는 소액이었지만 주식투자도 했다. 역시 주식은 내가 잘 알거나 내공과 시간을 투자해 공들이지 않았던 터라 얻은 이익도 금세 잃었다.

그래도 경험치가 쌓였기에 또래들에 비해 최소한 코스닥 상장 기업의 주주가 될 수도 있다는 사실을 내게 깨우쳐주었다. 특히 소액이지만 저평가 우량주의 개미 투자자로 조심스레 길을 닦아

둔다면 언젠가 '운'의 영역과 맞아(물론 노련하고 치열하게 시장 흐름과 더불어 기업 가치 평가 등의 공부를 하는 게 당연하지만) 부자 반열에 오르게 해줄 도구가 될 수 있다는 사실을 깨닫게 해주었다.

부동산 집 딸이었지만 처음부터 부동산에 관심이 있었던 것은 아니다. 부동산중개인으로 일하는 엄마 덕분에 세상에 그렇게 천차만별의 고객(진상고객뿐 아니라 진짜 부자 그릇인 진성고객까지)이 있다는 것도 알 수 있었다. 곁에서 사무 보는 일을 간간이 도와드릴 때 은연중 돈도 결국 사람이 벌어들이는 것이고 사람이 만드는 것이기도 하다는 것을 간접적으로 체험했다.

그러나 무엇보다 여기까지 올 수 있었던 것은 주식도 부동산도 아닌, 내가 가장 공들이고 제일 잘해냈던 것을 꾸준히 기본적으로 반복했기 때문이라고 여전히 믿는다. 그것은 바로 '기초 습관'이다. 기본 중 기본은 모으고 아끼고 불리는 행위를 계속하는 것이다.

열 번 머뭇거릴 바에는 한 번 실행해 실패하자

나는 단순하지만 그래서 가장 쉽게 빨리 해낼 수 있는 행동을 실행하는 걸 주저하지 않았던 것 같다. 은행을 제집 드나들듯 일일 저축을 한다는 명목으로 수시로 들락거렸고, 특판 상품 소식이 있는 날이면 소액이어도 투자하려 애썼다.

손품을 팔아 인터넷을 뒤져가며 금리를 0.1%라도 더 준다는 금융 상품이 있으면 되도록 그곳에서 적금이나 예금 상품을 가입해나갔다. 풍차 돌리기를 시작했고, 적금과 예금은 모두 단기로 해서 목돈을 마련했다. 목돈이 마련되면 그 돈을 다시 굴리고 불려나갔다.

한 달 월급이 250만 원이면 200만 원을 적금으로 내고 남는 돈 50만 원을 소비 예산으로 잡았다. 이 예산도 다 쓰기보다는 어디까지나 마지노선이라고 생각하고 조금 더 투자금이나 종잣돈으로 선순환시키려 노력했다.

간과하기 쉬운 기본 중 하나는 돈을 아무리 많이 모아도 소비 흐름을 파악해 절제미를 발휘하지 못하면 어떤 투자든 어떤 종잣돈이든 쉽게 불어나지 않고 또 쉽게 주머니에서 나갈 수 있다는 점이다. 나는 이 면에서는 '끝내주게' 스스로를 관리해나가는 쪽으로 단련했던 것 같다.

자기만의 판을 만들어야 한다

로버트 기요사키의 『부자 아빠 가난한 아빠』나 엠제이 드마코의 『부의 추월차선』이라는 이른바 '재테크계 고전'인 두 책에서는 부의 일정 부분을 추월하려면 자기 스스로 자신만이 일궈낼 수 있는 시장(플랫폼) 안에서 '생산자'가 되어 돈을 만들어내야 한다는 메시지를 주장한다. 그리고 다소 기분이 언짢을 수 있으나 월급쟁이로는, 즉 남 밑에서 돈 버는 행위로는 부자가 되지 못한다고 말한다.

그러나 나는 여기에 반기를 들고 싶다. 월급쟁이 중에서도 부자들은 얼마든지 나올 수 있다. 아니, 오히려 정말 선한 부자들 가운데는 기업가보다 월급쟁이형 부자가 훨씬 더 많다.

그리고 약간 과장해 표현하면, 돈보다 사람이 귀한 줄 아는 월급쟁이들이 남의 돈을 빌려 사기행위를 일삼고 결과적으로 부를 이루는 불순한 기업가들보다 백배, 천배 더 낫다. 그들의 돈은 정직하니까 말이다.

정직하게 벌어들여야 비로소 거기에 정성이 쌓이고, 생산자로서의 삶도 살 수 있는 법이다. 그런 면에서 부를 추월하는 것에 여러 투자 활동을 병행하는 이른바 '직장인 투자자'들은 여전히 보이지 않게 부를 일궈내고 있다고 본다.

그들은 현업에 종사하면서도 틈새 독서를 하고 제2의 진짜 노후를 대비할 수 있는 '일'을 찾고, 자신만의 판에서 돈을 창조해내는 '생산자'가 되는 준비를 한다. 준비가 중요하지만 기본기가 없으면 준비조차 할 수 없다.

본질적으로 부자의 기준은 자신이 정해야 한다. 그리고 그런 자신에게 맞는 재테크 습관이 꾸준함과 함께해서 일정 수준의 작은 성공 목표가 이뤄지고 또 이뤄져 거대한 자산 목표에 닿게 되었을 때, 이것이 낡은 것 또는 신선한 것이라는 고루한 표현을 떠나 그저 나에게 '정답'인 재테크는 아닐까. 시간과 정성 그리고 돈과 사람을 대하는 태도에 진솔한 공들임이 함께한다면 말이다.

다행히 나는 20대 시절 그리고 아이를 갖고 난 이후에도 저축과 절약 습관은 낡은 관점일 수 있으나 여전히 꾸준하게 진행중이다. 이 기본 마인드가 있었기에 투자에서 운도 따랐고, 지금의 자산도 불릴 수 있었다고 믿는다. 나는 여전히 이것을 정답 삼아 더 큰 내일을 꿈꾸며 움직임을 병행하는 중이다.

시중 은행 금리만으로는 종이 화폐의 가치를 지켜내기 힘

든 시대다. 일정 부분 이상 '투자'하지 않으면 '부자'로 가는

진입차선과 추월차선을 탈 수 없다. 6장에는 일상 속 하루

10분의 투자 생각과 투자 실천을 바탕으로 투자 습관을 지

켜 미래의 목표를 일구려고 노력한 고군분투기를 생생하게

담았다.

Chapter 6

엄마의 현명한
투자 습관

부자 엄마는 카페 대신
다른 곳에 간다

같은 공간에서도 부자들은 다른 것을 보고 다른 행위를 하면서 산다. 돈을 쓰기 위해 돈을 쓰는 것이 아니라 돈을 벌어들이기 위해 돈을 쓴다.

돈 쓰러 가지 않고 돈 만들러 간다

돈을 쓰러 가지 않고 만들러 간다면 어디에 갈 것 같은가? 부동산중개업소나 증권사를 떠올렸는지 모르겠다. 다소 공격적이면서 어딘지 모르게 불편함을 느끼게 하는 이런 제목을 단 이유는 '부자 엄마 부자 아빠'로서 내 행동을 점검해보고 싶었기 때문이다. 말로만 경제적 자유를 얘기하고 행동은 정반대로 하는 건 아닌지 반성도 하면서.

이른바 부자 엄마 부자 아빠로 현재를 살아가고 앞으로도 살아가려 애쓰는 사람들은 최소한 자기 삶 외에 자식들의 삶까지도 생각하는 이들이다. 이들은 경제적으로 좀더 자유로운 삶을 유한한 시간 안에서 일궈내려고 노력한다.

그런 이들의 행보를 자세히 살펴보면 공통점을 발견할 수 있다. 돈을 쓰기 위해 돈을 쓰는 게 아니라 돈을 벌어들이기 위해 돈을 쓴다는 것이다.

커피 한 잔의 기회비용, 투자 소비 생각하기

그들이 카페에서 마시는 커피 한 잔은 단순한 커피 소비 또는 습관적 물욕이 아니다. 독서 모임을 위한 소비든, 투자 지인과 만나기 위한 커피 한 잔이든, 단시간에 집중적으로 공부하려는 카페 스터디족이든, 힘든 독박 육아 속에서 잠시 벗어나 마음을 챙기고 자신을 긍정하기 위한 투자든 모두 하나의 '투자 소비'라고 생각한다.

혹자는 별 소비에 그럴듯한 의미를 부여한다며 꿈보다 해몽이라고 냉소를 보낼 수도 있다. 그러나 상관없다. 나는 한때 내가 먹는 스타벅스의 5,500원짜리 레드벨벳 한 조각, 커피빈의 5천 원짜리 살구 실론티 한 잔도 투자를 위한 또 다른 투자라고 생각했다.

이유는 간단했다. 적금 만기에 소액이지만 주식에 투자했고 목표 수익률를 달성해 매도에 성공했을 때, 케이크 한 조각을 내게 선물하면서 용기와 자신감을 다시 한 번 북돋아주고 싶었다.

그리고 다시 새로운 재무목표를 세우고 투자하기를 반복했다.

살구 실론티는 다음 번 책을 출간하기 위해 출판사 담당자와 만나 계약서에 사인할 때 마셨다. 인세라고 해봐야 소액이고 또 나 자신이 대단한 작가도 아니지만 책을 출간하기 위한 모든 경험과 시간은 내게 글을 쓰는 사람으로 사는 과업을 이뤄낸 것과 다름없기에 이 순간에 감사하며 그런 소비도 선뜻 할 수 있었다.

같은 공간, 다른 행동

이렇게 같은 공간에서도 부자들은 다른 것을 보고 다른 행위를 한다. 마트에 가서 단순히 소비하는 사람이 있는가 하면, 가격을 비교해 되도록 경쟁력 있는 제품을 사려고 노력하면서 절제미를 발휘하는 사람도 있다.

부동산에 가서 중개인과 매도인으로서 자기 의견을 제대로 말하지 못하고 물에 물 탄 듯 술에 술 탄 듯 매매계약서에 도장을 찍는 이들이 있다. 반면에 자기 상황을 충분히 어필하고 되도록 자기 기준에 맞으면서도 양쪽 상황을 절충해 최적화된 물건을 좋은 가격에 구하려고 노력하는 사람들도 있다.

인터넷 짠돌이 카페 '슈퍼짠'에는 지방에 아파트 수십 채를 가지고 있으면서 현재는 작가로서 강의 활동도 병행하는 엄마가 있다. 『나는 마트 대신 부동산에 간다』의 저자 김유라 작가가 바로 그 사례다. 그녀의 초기작은 물론 최근 작품까지 모두 읽었는데, 이미 인터넷 카페에서 유명한 그녀의 행보를 보고 있으면 흐뭇하면서도 자극을 받지 않을 수 없다. 더군다나 아들을 셋이나 키운다고 하니 아들 쌍둥이를 둔 나로서는 고개가 절로 숙여지면서도 그녀에게 지고 싶지 않은 좋은 경쟁심마저 생긴다.

그녀의 이야기에 깊이 공감하는 이유는 아들 셋을 키우면서도 절대 핑계 대지 않고 꾸준히 뜨거운 열망으로 무언가를 계속 실행했기 때문이다. 그녀에게 부동산자산이 그리고 책이라는 매개체가 부자를 향한 좋은 도구로 작용했다면 나 또한 이제 막 그 출발선에 섰다. 꾸준히 읽고 쓰는 책과 원고라는 도구로 소액이지만 불로소득과 더불어 글로소득(글로 소득을 벌어들이는)을 생산해내는 생산자 반열에 막 들어섰다.

기본은 쉽게 변하지 않는다

정말 부자들은 카페 대신 다른 곳을 갈까? 이는 어쩌면 말장난일 뿐이다. 그들은 단순 소비에 그치는 것이 아니라 그 공간에서도 부자의 촉과 감각을 열어둔 채 움직인다는 뜻일 테다. 또한 삶에서 무엇이 우선순위인지 알고서 행동하는 것도 한몫할 테다.

부동산중개업소에서든, 증권사에서든, 은행에서든, 카페에서든, 마트에서든 심지어는 집에서 식구들을 대하는 태도에서든 부자들의 습관과 관점은 그렇지 못한 사람들과 아주 사소한 것에서부터 다르다. 당신이 이런 사실을 안다면 이제 남은 일은 하나뿐이다. 그들처럼 한 번 해보는 것이다. 당신에게 행운이 함께하기를 빈다.

경제적 · 시간적 자유를 위한 목표

	재무 관리			금융 지식			나만의 관점	
			재무 관리	금융 지식	나만의 관점			
	인간 관계		인간 관계	경제적 시간적 자유	부동산 투자		부동산 투자	
			시간 관리	임대 사업장	부자 마인드			
	시간 관리			임대 사업장			부자 마인드	

인스타그램 대신 경제기사, 커피 대신 저평가주

소비적인 인스타그램 서치에 몰입하는 대신 경제기사를 좀더 챙겨보고, 커피 한 잔을 마시는 대신 저평가 우량주 한 주를 살 수 있는 마인드를 갖추자.

기회가 주어진 세상, 열린 부의 다양한 길

최근 본 기사 가운데 나를 무척이나 놀라게 한 것이 있다. 이른바 SNS계의 인플루언서(influencer)로 억대 이상 수입을 벌어들이는 주인공들에 대한 이야기다. 직장인으로 일정 수준 이상의 월급을 벌어들이지 못하는 나에게는 왠지 씁쓸하면서도 입을 딱 벌릴 수밖에 없게 만드는 별나라에 사는 누군가의 이야기처럼 보였다.

내게는 현실감 없는 이야기지만 동시대를 살아가는 누군가의 이야기라는 것을 인정해야 했다. 실제로 디지털 노마드를 체험하며 노마드 비즈니스맨으로서 억대 이상의 수익을 올려 경제적 부를 이룬 이들이 있다.

라이언이라는 일곱 살 유튜버가 장난감 동영상 리뷰로 240억 원을 벌어 세계에서 돈을 가장 많이 번 유튜브 스타로 화제가 되었다. 유튜브뿐만 아니라 인스타그램에서도 인플루언서의 영향력이 커지면서 비슷한 현상이 벌어지는 게 사실이다.

미국 경제전문지 〈패스트컴퍼니〉는 부모는 사업에 실패해 빈털터리가 되었지만 그들의 두 살짜리 쌍둥이 자매가(나는 여전히 쌍둥이라는 키워드에 민감하다) 인스타그램에서 스타가 되면서 부모까지 유명인이 된 사례를 특집 기사로 다뤘다.

테이텀(Taytum)과 오클리(Oakley)라는 이름의 자매는 인스타그램에 상품 사진 한 장을 올리는 데 수천만 원을 받으면서 인스타그램 사용자들 사이에서 꼬마 인플루언서로 유명해졌고, 그것이 부를 쌓는 또 다른 기회로 작용하고 있는 게 사실이다. 좀더 거시적으로 본다면, 어쩌면 이들은 어린 나이에 원하든 원하지 않든 '생산자'로서 그들만의 시장, 즉 판을 만들어 부를 일궈내는 것으로 보인다.

그렇지만 인스타그램 속 이른바 '핫'한 인플루언서들의 화려해 보이고 기가 막힌 라이프스타일에 놀라움과 동시에 부러움을 금치 못하는 것에서 그치고 말기에는 아쉬움이 남는다. '나'라는 사람에게 주어진 삶, 오늘이라는 24시간도 더할 나위 없이 소중하고 귀하게 여겨야 한다.

시기와 질투에 단편적으로 그들처럼 딴짓을 해보기도 하지만 기본적으로는 언제나 내가 할 수 있는 최선의 방향을 생각하는 편이다. 따라서 이런 기사를 보면서도 지금 당장 핫한 인플루언서가 되지 못한다면 차라리 그 시간에 경제 흐름을 보려고 노력하는 편이 나을지도 모른다고 생각한다.

그렇게 소비적인 인스타그램 서치에 몰입하는 대신 경제기사를 좀더 챙겨보고 커피 한 잔 마시는 대신 저평가 우량주를 한 주 살 수 있는 마인드라면 느리지만 튼튼하게 나만의 부를 일궈나갈 수 있다고 믿기 때문이다.

우리는 믿어야 한다. 최소한 자신은 '나'의 그런 꾸준한 행보에 열렬한 응원과 지지를 보내야 한다. 그래야 뭐든 이뤄낼 수 있다. 누구보다도 내가 나를 믿음으로써 만들 수 있는 것들이 당장 눈에 보이지는 않지만 세상에는 분명히 있다.

경제를 알려는 그릿정신으로 '경알못' 이겨내기

나는 시장 감각과 경기 흐름에 대한 이해도를 높이고 경제감을 잃지 않기 위해 바쁘더라도 경제면의 머리기사만큼은 꼭 읽고 행간을 파악하려 노력하는 편이다.

그런데 경제기사를 읽다보면 궁금증이 생기기 십상이다. 다소 깊게 파고들면 도리어 이해하기 어려워 막혀버리는 경우도 처음

엔 부지기수였다. 그래서 국어사전을 수시로 검색하면서 조금씩 지식이라는 무기를 쌓았다.

모른다고, 잘 못한다고 포기하기에는 아직 너무 이르다. 경제 관념을 다잡기 위한 의도와 의지가 서려 있는 이들은 쉽게 포기하지 않으며 기초 개념과 상황을 이해하려고 노력한다.

그렇게 시간을 투자하고 조금씩 내공을 쌓다보면 어느 순간 처음 읽었던 경제기사의 내용이 훨씬 쉽게 느껴질 것이다. 현물 경기와 국가 부채 현황은 무엇이고 현재 시장 물가는 어떻게 되며, 유동성은 무엇이고 시장 금리는 어떻게 흐르고 있는지, 부동산은 어떤 상황이고 환율과 고용은 어느 수준인지, 현재 우리나라 경제상황은 어떤지 등에 대해 나름의 촉과 감각을 조금씩 다져보는 것이다.

신문을 굳이 구독하지 않아도 좋다. 요즘은 인터넷 세상이다. 클릭 몇 번으로 그리고 시간을 약간만 투자해서 손품을 팔아 지식을 쌓고 보는 관점을 기르는 것이다. 하다 보면 익숙해지고, 이 익숙함을 길들이면 좋은 습관이 된다. 경제를 알려고 노력하는 것만큼 투자와 돈의 세계에서 좋은 습관은 없다.

우리가 경제신문이나 기사에 관심을 두는 이유는 내 '자산' 증식에 조금이라도 보탬이 되게 하고 싶기 때문이다. "경제학자가 되려고 경제에 관심을 둡니다"라고 말하는 사람은 못 봤다.

돈은 시장 안에서 유동적으로 흐른다. 그 시장 흐름에서 돈이 몰리는 곳에 이른바 돈맥이 있을지 모른다. 따라서 약간 거시적으로 보면, 돈을 넘어 돈맥을 파악하기 위해서라도 우리는 경제가 어떻게 흘러가는지 정도는 파악하는 게 필요하다.

사실 경제를 몰라도 어떻게든 살아진다. 하지만 하다못해 은행의 이자 금리가 15.4%라는 단편적인 지식조차 알지 못하는 이가 운이 좋아서 거액의 투자이익을 거머쥔다 해도 그 돈이 탄탄하게 지켜질 리 만무하다.

흔히 경제를 알려면 경제기사를 읽으라고 조언하지만 시간과 에너지, 정성을 들여 기초 지식을 알려고 투자하지 않는 사람이 경제기사를 제대로 이해하기는 정말 어렵다. 그래도 어렵다고 포기하지 말았으면 한다. 경제적 지식을 쌓고 시시때때로 바뀌는 시국 흐름을 파악하는 건 투자 세계에서 필수적 행위다.

경제의 기본 개념을 정리한 책 몇 권을 숙지하는 것도 좋은 방법이다. 최소한 용어정리가 되어 있는 책은 좋은 기준이 된다. 최신 기사를 읽어가면서 경제에 대한 시야와 관점을 차곡차곡 넓혀보자. 천천히 꾸준하게 이해하려 노력하다 보면 어느새 경제에 대한 자신만의 관점을 가지게 되고, 더 나아가 자신이 그 안에서 할 수 있는 어떤 움직임 또는 나만의 인사이트를 갖추게 될지도 모른다.

종잣돈을 만드는 카페라테 효과의 비밀

커피를 마시는 대신 저평가 우량주를 사는 습관도 길러보자. 말이 라테 효과지 백날 머리로 이해해봤자 주식 한 주를 사서 한 주 이상을 벌어보고 반대로 한 주 이상의 원금 손실을 경험해본 이들만이 이 효과의 진면목을 이해할 수 있다. 즉 경험 자산이 쌓여야 뭐든 그 결과에 따른 깨달음이 있다는 말이다.

사실 카페라테 효과는 '복리'라는 개념을 설명하기 위한 시사경제용어인데, 이 복리라는 효과를 누리려면 적든 많든 종잣돈이 반드시 필수다. 그 종잣돈을 일부러 힘들게 모으지 말고 생활습관을 바꿔 손쉽게 확보하자는 게 바로 카페라테 효과의 기본 뼈대다.

자산을 운용하려면 종잣돈이 필요하다. 돈은 자기복제 능력이 있어 돈이 돈을 부른다. 어느 정도 돈만 모으면 그때부터는 큰 노력 없이 부를 불리고 유지할 수 있는 것도 이 때문이다. 돈은 액수가 클수록 더 많은 돈을 불러들인다. 거액이기에 주어지는 혜택과 기회도 많아진다. 부자들은 이처럼 돈이 돈을 부르는 기분 좋은 선순환에 익숙한 사람들이다.

부자들은 작은 돈도 함부로 대하지 않는다. 종잣돈을 카페라테 효과의 혜택을 불러오는 비밀 열쇠처럼 소중하게 다룬다.

나도 카페라테 효과를 톡톡히 체감하고 활용하는 사람으로서 깨가 만 번 굴러봐야 그게 그거라는 것을 안다. 차라리 호박이 한 번 구르는 게 훨씬 낫다는 게 이성적이고 냉정한 분석이다. 눈사람 만들 때와 똑같다. 똑같이 한 번 굴러도 눈뭉치와 눈덩이는 불어나는 양이 다르다. 즉 종잣돈이 없으면 노후 준비든 투자금 마련이든 어불성설이란 얘기다.

견딜 수 있는 레버리지 만들기

저축은 하지 않은 채 레버리지를 이용한답시고 좋은 빚으로 다시 돈을 불리려는 사람이 많다. 그런데 나는 부채 계획이 철저히 뒷받침되지 않는 이상 이것이 패가망신으로 가는 지름길이라고 보는 편이다. 무엇보다 중요한 건 절제할 줄 아는 기본 태도다. 돈이든 감정이든, 커피 한 잔 대신 저평가 우량주 한 주에 투자할 수 있는 마인드의 실행력이 수반되어야 진정한 카페라테 효과, 튼튼한 레버리지를 활용할 수 있는 기본기가 되어 있다고 본다.

결국 돈 버는 길은 더 벌거나 덜 쓰는 것밖에 없다. 물론 많이 버는 것보단 아껴 쓰는 게 더 효과적이고 쉬운 것도 사실이다. 수익률 1%에 신경 쓰는 것보다 저축 1만 원이 더 효과적이라는 말이다. 그래서 커피 또는 담배와 같은 기호식품과 습관성 소비를 줄이는 대신에 작은 저축과 투자로 선순환하는 과정이 중요하다.

내가 카페 가서 기록하는 것들

지식 부자 : 배우는 것들(학습, 공부, 자기계발)

구분(무엇을)	내용(어떻게)	예상 비용	소요 시간	목적(왜)
독서	읽고 필사	도서관 이용 (혹은 책 구매비)	틈새 독서(매일)	레퍼런스 지식 습득, 자극
글쓰기 (창작)	개인 SNS 원고 축적		매일 1시간 이상 투자	원고 작업, 콘텐츠물 발간, 생산자 (작가, 강의)로 성공
공경매	독서, 손품		틈새 독서(매일)	낙찰, 경험 보유, 임대소득 재창출, 현금흐름 확보(월 천)

경험 부자 : 하는 것들(체험, 실천, 시간 활용)

구분(무엇을)	내용(어떻게)	예상 비용	소요 시간	목적(왜)
독서 모임 (사내외)	직접 운영	리워드 선물비	매일 온라인방 관리	선순환 창출, 사람 연결
가계부 모임	직접 운영	리워드 선물비	매일 온라인방 관리	선순환 창출, 사람 연결
육아	쌍둥이 돌봄	양육보육비	매일 끊임없음	부자 엄마로 아이들의 적극 지지자, 서포터 역할 다짐
유튜브	촬영/편집 등 모두		틈틈이(주1회 정도)	퍼스널 브랜딩

사람 부자 : 만나는 이들(내가 속한 커뮤니티, 공동체 활동)

구분(무엇을)	내용(어떻게)	예상 비용	소요 시간	목적(왜)
100일 프로젝트 모임	강점 찾기 모임 참가	10만 원(보증금)	100일 동안 매일 체크	나, 성장, 자기계발, 새로운 인맥 확장
좋은 동료들과 만남	티타임	3만 원(차 마실 비용 등)	평일 근무 중 30분 정도	힐링, 에너지 선순환, 마음 챙김, 헬퍼메이킹
기획 모임	직접 기획/ 모임 주도	오프 준비물비 등	월 1회 2시간 정도	선순환, 선구자, 퍼스널 브랜딩, 인맥 확장

나는 다양한
아이디어에 투자한다

저금리 시대라 은행 금리만으로는 일정 수준 이상의 자산 증식을 해내지 못한다.
크라우드 펀딩이 집약되어 있는 플랫폼에 관심을 가져야 하는 이유다.

어느 날 엔젤 투자자가 되었습니다

소액이지만 나는 스스로 엔젤 투자자(angel investor)라고 생각
한다. 엔젤 투자자는 기술력은 있으나 창업 자금이 부족한 초기
단계의 벤처기업에 투자해 첨단산업 육성의 밑거름 역할을 하는
투자 자금을 제공하는 개인을 말한다. 이에 대한 투자 자금을 엔
젤 캐피털(angel capital)이라고 한다.

엔젤 캐피털은 보통 개인투자자 혹은 클럽 형태로 조직되며,
직접 벤처기업에 투자하거나 벤처기업에 대한 투자만 전문으로
하는 창업투자회사(이른바 벤처 캐피털)에 위탁해 운영하기도 한
다. 투자한 벤처기업이 성공하면 단기간에 고수익을 올릴 수 있

지만 실패하면 단시간에 밑천을 잃을 수 있는 나름 고위험 고수익 투자다.

거대 캐피털사와 달리 나처럼 소액으로 엔젤 투자자로 투자 활동을 병행하는 이들은 돈 이상의 '가치'에 투자하는 사람들일지도 모른다. 나는 가치 투자를 좋아한다. 내 기준에 따라 가치 있는 소비 혹은 가치 있는 투자라고 생각되면 가감 없이 스스로 실험해보는 경험 자산을 쌓는 데 이제는 크게 망설이거나 고민하지 않는다.

다행인지 불행인지 아직까지 그로써 큰 손실을 본 적은 없다. 엔젤 투자를 하게 된 계기는 우연이었지만 따지고 보면 우연이 아닌 내 관심사와 당시 투자의 목표와 집중도가 자연스럽게 나를 그 세계로 인도한 것이 아닌가 싶다.

요즘은 정말 열린 시대다. 투자금을 마련하는 기준에서도 다양한 플랫폼이 공존한다. 국가를 뛰어넘는 인터넷 시대이기 때문이다. 국가와 인종, 언어의 경계가 거의 없다. 마음만 확실히 먹고 그에 응하는 기본적 기술력(흔히 언어 또는 열린 성격과 추진 실행력 등)에 뚜렷한 목표와 실행 계획까지 탄탄하게 갖춰졌을 때, 단순히 돈이 부족해서 못하는 사업이라면 투자자들에게 '피칭(pitching)'해서 충분히 투자금을 모을 수 있는 시대가 되었다. 그리고 이미 이런 시장에 돈이 몰리는 것 같다. 정말 세상은 많이 변했고 또 여전히 변해가고 있다.

재미있는 크라우드 펀딩, 이야기의 세계

우리나라에는 와디즈와 텀블벅이라는 재미있는 플랫폼이 있다. 이것들의 정체는 모두 크라우드 펀딩 플랫폼이다. 이들은 후원, 기부, 대출, 투자 등을 목적으로 웹이나 모바일 네트워크 등을 통해 다수의 개인에게서 자금을 모으는 행위를 도와주는 중개인 기능을 한다.

와디즈와 텀블벅에서 '생산자'로 잠시 나만의 스토리텔링이 담긴 상품을 세일즈하려 시도해봤다. 중간심사에서 잠시 보류하긴 했지만 여전히 아이디어가 있으면 '사업'하면서 생산자의 삶을 사는 데 큰 어려움이 없는 세상이다.

이런 크라우드 펀딩들이 집약되어 있는 플랫폼은 이른바 '수수료'를 먹고 브랜딩을 키워나간다. 그리고 이곳은 이미 무시하지 못할 수준의 돈맥이 흐르는 곳이 되어버렸으며, 투자와 리워드 제품들과 같은 '크리에이터'로 성장하려는 이들이 나날이 모여든다.

크라우드 펀딩은 이처럼 주로 와디즈와 같은 인터넷의 중개 플랫폼 사이트를 통해 이루어진다. 아이디어가 있는 기업 형태의 단체 또는 리워드 상품을 세일즈하려는 이른바 모금자들이 모금의 취지, 목표 금액, 모금 기간, 투자 보상 내용 등을 게시하고 이를 홍보하는 동영상 등을 올리면 나와 같은 다수 개인이 마음에 드는 프로젝트를 골라 중개사이트 계좌로 돈을 보내고, 모금이 성공하면 중개사이트는 일정액의 수수료를 뗀 다음 모금자에게 돈을 전달해주는 식으로 운영된다. 만약 모금기간 내에 목표액이 채워지지 않으면 모금 참여자는 돈을 모두 돌려받는다.

이처럼 크라우드 펀딩은 군중 또는 다수를 의미하는 영어단어와 자금조달을 뜻하는 말을 조합한 용어다. 쉽게 말해 중개업자(온라인 소액투자 중개업자)의 집단지성(The Wisdom of Crowds)을 활용해 자금을 조달하는 방식을 크라우드 펀딩이라 부르는데 크게 대출형, 투자형, 후원형, 기부형으로 나뉜다.

이곳은 일반 투자자와 적격 투자자 그리고 전문 투자자로 구분해 일반 투자자는 1인 기준 1천만 원의 한도가 있고 추후 적격 투자자의 기준에 충족되면 연 2천만 원까지 투자가 가능하다.

나는 적격 투자자로 인증되어 좀더 많은 일정 수준의 투자를 하고 있다. 그리고 최근에는 투자한 한 회사의 채권이 만기가 되어 시중은행 금리의 약 세 배가 되는 금융소득을 얻었다. 만약 은행권에만 매여 있고 재테크 관점도 그곳에 한정되었다면 얻지 못했을 결과다.

높은 이익률만큼 잘 관리해야 하는 P2P투자

나는 개인과 개인 사이에서 이루어지는 P2P금융(개인 간 직거래 방식 금융) 서비스가 시장에 나왔을 때도 관심을 갖고 해당 분야 플랫폼들의 행보를 지켜봤다. 관련 경제기사도 유심히 살피며 그들의 행보를 관찰했다. 그러면서 때를 기다렸고 결국 실행해보는 중이다.

나는 현재 P2P로 부동산에 간접투자를 하고 있는데, 쉽게 설명하면 일정 수준의 자금 여유가 있는 개인은 이처럼 부동산 재개발 또는 해당 운용사(펀딩사)에 돈을 빌려주고 나중에 이자와 함께 돌려받음으로써 수익을 올릴 수 있다. 돈을 빌리는 개인 또는 법인은 까다롭고 복잡한 절차를 거쳐야 하는 금융권을 통하지 않아도 쉽고 간단하게 자금을 조달할 수 있기 때문에 특히 금융기관으로부터 대출을 받기 어려운 이들이 주로 찾는다.

우리나라 P2P 기준상 개인이 투자할 수 있는 금액이 펀딩사마다 약 1천만 원까지 한정되어 있다. 이는 운용사의 상환액이 연체될 수도, 자칫 부도가 난다면 원금을 잃게 될 수도 있는 고수익성 위험상품이기 때문에 선택은 언제나 투자자 몫이다.

내가 위험한데도 이런 다양한 투자를 병행하는 이유는 현재 시장 금리로 볼 때 단편적인 은행 금리만으로는 일정 수준 이상의 자산을 증식하지 못한다는 사실을 철저히 인식했기 때문이다. 더군다나 본질은 언제나 경험인데 시대는 변했고, 재테크 또는 투자의 관점이나 행보도 그 변화에 맞춰 바꿀 줄 아는 유동성이 있어야 한다고 본다.

어느 순간 가계부의 투자 금액들을 보니 죄다 은행의 예금이나 적금에만 묶여 있었다. 좀더 용기를 가지고 여러 실험을 해보고 싶은 욕망도 꿈틀거렸다. 그러나 내가 먼저 잘 알지 않고야 투자를 섣불리 하지 않는다는 신조하에 여러 카페 글은 물론 실제 경험한 이들이 쓴 다양한 수기를 읽어보았다.

그리고 최근에 쌓은 지식과 간접 경험을 바탕으로 직접 투자를 하고 있는데 다행히 아직까지는 이익을 보며 순항중이다. 하지만 돈은 관리하지 않으면 어디로 흐르는지 알 수 없기 때문에 여전히 환수에 예의주시하고 있다.

무엇이든 결과를 이루려면 그리고 맛을 보려면 그에 맞는 시도를 하고 도전을 해야 한다. 움직이지 않으면서 큰 결과를 바라는 것은 먹지 않았는데도 배부르기를 바라는 것이나 다름없다. 나도 뭐든 시도하려고 했기에 지금의 결과가 있었는지도 모른다. 그리고 앞으로도 다양한 실험과 시도를 주저하지 않으려는 내 행보에 부디 행운이 깃들기를 간절히 바란다.

월 60만 원 월세를 받다, 첫 임대의 추억

월세를 받는 세주가 되는 데는 드러나지 않는 엄청난 고충과 관리 포인트가 있다는 것을, 눈물 어린 노력과 인고의 시간이 필요하다는 것을 그때 알았다.

어쩌다 갭 투자자

전세를 끼고 주택을 매매해서 시세차익이나 현금흐름을 확보하려는 일종의 갭 투자를 하겠다는 의도는 전혀 없었으나 어쩌다보니 신혼집이 거주처이자 투자처가 되었다.

나와 남편 수중에 있던 유동성 현금자본 이외에 모자라는 돈은 대출을 받아서 건축비를 충당했다. 그러면서 단독주택이 아닌 다가구주택을 지어 1층은 세를 내놓았다. 이로써 첫 임대의 추억이 공교롭게 생긴 것이다.

남의 돈으로 투자한다는 점에서 타인 자본을 이용해 일정 수준 이상의 수익이 발생하는 것을 좋은 빚을 사용하는 레버리지 효과라고 흔히 말한다. 결혼할 때 나는 레버지리 세계를 잘 몰랐지만 남편은 어느 정도 활용할 줄 알았다.

거주 목적이 강했고 대출을 받고도 모자라는 돈을 안정적으로 충당하기를 원했기에 우리 집의 첫 갭 투자 아닌 갭 투자는 시세 차익보다는 현금흐름을 우선으로 해야 했다. 그래야 마땅했다. 단순히 생각해서 팔 생각이 없는 직주지는 거주 목적 부동산이기 때문이다.

월세보다는 전세 물건을 보러 오는 세입자들이 많았기에 마음을 졸였지만 다행히 좋은 세입자를 만나 반전세로 첫 번째 월세 소득이라는 현금흐름을 뚫는, 이른바 현금이 들어오는 파이프라인을 구축하게 되었다.

월세 계약이 유효한 시기에도 되도록 대출 이자를 갚으려고 노력했다. 월세를 받아도 대출 이자가 통장에서 고스란히 빠져나가는 것이 속상했고 아까웠다.

부채 상환 의지가 강했기에 그만큼 목돈을 마련하려고 돈이 생기는 틈틈이 저축하고 절약하고 꾸준히 금리가 높은 금융 상품에 소액 납부를 병행하면서 결국 억대 빚을 단숨에 갚아나갈 수 있었다. 현금이 새어나갈 구멍이 없으니 월세는 통장에 들어오는 족족 쌓였고, 이렇게 목돈을 모아 다시 투자금을 마련해 투자처를 알아보는 일을 지금도 반복하고 있다.

보이는 게 전부가 아닌 월세 받는 삶

월세를 받는 세주가 되는 데는 드러나지 않는 엄청난 고충과 관리 포인트가 있다는 것을 그때 알게 되었다. 사람들은 벌어들이는 돈에만 관심을 기울이고 결과에만 집중한다. 그러나 임대사업자가 되어 '관리'를 병행하는 데는 눈에 보이는 것보다 몇십 배의 피땀, 눈물 어린 노력과 인고의 시간이 절대적으로 필요하다.

그냥 얻어지는 것은 아무것도 없다. 누수가 있으면 관리해줘야 하고, 그밖에 세입자의 소소한 고충, 고장신고 등을 파악해 수리하고 지속적으로 관리해야 한다는 말이다. 여기에 심리 싸움이라도 작용하게 되면 동병상련, 측은지심, 인지상정 같은 사자성어가 떠오를 정도로 여간 스트레스가 아닐 수 없다. 따라서 임대를 주어 월소득을 창출해내는 임대사업은 단순히 월세 소득을 이뤄냈다는 단물만 단편적으로 보고 시도할 것이 절대 아니라는 사실도 그때 직간접적으로 알 수 있었다.

너도나도 몰린다는 '묻지 마 투자'로 돈을 벌려다간 큰코다칠지도 모른다. 비트코인이 인기를 끌며 관련 책이 쏟아져 나오고 너도나도 비트코인에 '몰빵'했지만 얼마 못 가 몰락하게 되었을 때 원금 손실은 기본에 반 토막도 건지지 못한 이들이 상당수였을 것이다.

요즘에는 월세 임대소득을 얻게 되었거나 경매에 성공한 사례를 수기로 펼쳐놓은 책들을 흔히 볼 수 있다. 임대나 경매가 나쁘다는 것이 아니다. 그들의 행보를 살펴보면 얻는 것들이 분명히 있다.

중요한 것은 나와 맞느냐 맞지 않느냐, 내가 얼마나 도전하고 또 이뤄낼 수 있느냐, 나의 자산가치와 투자 성향에 부합하느냐 아니냐의 차이를 누구보다도 자신이 진지하게 고민하고 치열하게 공부해서 계획을 세우고 실행해야 진정한 투자의 결과가 따라온다는 것이다.

4배의 파이프라인으로 성장시키기까지

다행히 월 60만 원이라는 첫 임대수입 덕분에 나는 적지 않은 경험 자산을 쌓았고 현재 이 시장의 매력을 느껴서 공부하고 조금씩 투자 활동을 늘려보고 있다. 그중 '경매' 시장에 관심이 많은데 비록 낙찰까지는 현재 진행형이지만, 이른바 권리분석을 해낼 줄 아는 훈련을 꾸준히 하고 있다.

일과 육아를 병행하면서 물리적 시간의 한계 때문에 임장이라는 발품을 팔기가 쉽지 않은 환경이지만, 손품이라도 팔아서 몇 십 건 되는 물건의 서류 분석을 해보거나 거주지의 맘 커뮤니티에서 실제 환경이나 동네 뉴스 등을 꾸준히 파악하고 있다.

이 글을 쓰는 현재 첫 임대의 추억 대비 4배가량의 좀더 튼튼한 파이프라인을 갖춰 계속해서 이 시간을 지켜내려고 고군분투

중이다. 비록 노력은 쓰고 힘들지언정 고군분투한 시간이 보상을 받은 듯해서 생각할수록 감사하고 있다.

이런 맥락에서 볼 때 경매라는 투자도 마찬가지다. 직접 법원에 가서 낙찰되거나 패찰되는 현장을 지켜보며 나는 상상한다. 아직 수익까지 이어진 낙찰 이력을 거론할 수는 없으나 권리분석을 하는 경험을 다져나가며 여전히 때를 기다리는 요즘 시간에 감사한다. 부디 고마운 운이 함께하기를!

이런 노력이 언젠가 빛을 발해 결국 나만의 공유주택 및 또 다른 부로 우리 집을, 나를 이끌어줄 것이라고 믿는다. 고마워할 줄 아는 사람에게는 결국 고마움이 주어질 거라는 믿음과 함께. 삶에서 남는 건 감사한 시간 그리고 기억일 테니까.

투자처는 바로 나,
소액 매출 발생기

최고 투자처는 바로 '나 자신'이 될 수 있다. 그리하여 나는 오늘도 나에게 투자하기를 주저하지 않는다. 정성, 꾸준함이라는 실행력에 시간을 투자하자.

바야흐로 퍼스널 브랜딩의 시대

지인 가운데 10년 이상 대기업에 몸담았다가 어느 날 돌연 퇴사하고 자기 가게를 차린 분이 있다. 남들이 보기에 '돌연 퇴사'였지만 그녀로서는 몇 년간 고심하며 준비한 창업이었다. 라이스떡케이크 자격증을 이용해 떡공방을 차린 그녀는 웰빙 바람과 함께 시중 공산품 케이크가 아니라 환갑이나 어른들의 특정한 이벤트 기념 떡을 만드는 데 집중하는 떡케이크 창업을 그렇게 해냈다.

그녀에게 투자처는 바로 그녀 자신이었다. 그녀는 창업을 시도하기 전에 간단히 실험을 해보았다. 직장 동료들에게 자신이 만든 떡을 돌리고, 동네 프리마켓에서 자신이 만든 상품이 고객에게 어떤 반응을 얻는지 꾸준히 실험해보았다. 시도해볼 만하다고 결정하고서 나름 담대한 용기를 발휘해 그동안 모아둔 종잣돈을 창업 투자금으로 활용해서 동네 상가를 저렴하게 임대해 떡공방을 만들었다.

나만의 이야기를 가져라

그녀의 행보를 보면 느끼는 것이 많다. 지금 그녀는 자신만이 할 수 있는 스토리를 이용해 떡케이크 브랜딩을 만들고, 입소문만으로 투자금을 모두 회수했음은 물론 직장 다닐 때보다 더 많은 수입을 거두고 있다. 부럽기 그지없지만 한편으로는 그런 그녀의 행보와 그녀가 얻은 결과는 어쩌면 당연한 것이었다. 직장에 다니면서도 자신의 재능과 능력을 꾸준히 갈고닦는 데 시간과 노력과 모든 공력을 투자했기 때문이다.

그녀는 점심시간을 쪼개 자격증 공부를 했다. 주말에는 아이를 맡겨두고 식구들의 따가운 눈총에도 포기하지 않고 일일특강이나 정기 클래스에서 떡케이크를 만드는 실전을 다졌다.

분명 그녀는 자기 가게를 만들고자 하는 꿈을 계속 키워나갔을 것이다. 그리고 그 꿈이 뜨거웠기에 주저하거나 망설이지 않았고 무엇보다 포기하지 않았기에 지금의 그녀가 있는 건 아닐까.

이런 그녀의 행보를 보면서, 주변에서 직장인이었다가 자신만의 사업이나 창업을 하는 이들을 보면서 나는 좋은 자극을 받고 경각심을 느낀다. 최고의 재테크는 돈이 돈을 불리는 게 아니라 '나'에게 투자해서 결국 사람과 자산이 동반성장하는 것이고, 이것이 삶의 선순환이라고 생각하기 때문이다. 그래서 나는 여전히 경험을 중요한 자산으로 삼고 있고, 이 경험을 위한 투자 소비를 지속하려고 노력중이다.

북테크로 '글로소득' 만들기

나에게 최고 투자 소비이자 가성비가 가장 뛰어난 재테크는 바로 북테크다. 즉 책으로 재테크를 공부한 나는 경제 지식이나 해당 분야의 재테크 경험을 거의 책에서 직간접적으로 얻었다. 그러다보니 자연스럽게 나도 언젠가 이쪽 분야의 책을 쓸 정도로 성공 사례를 만들어낼 수 있는 스토리텔러이자 콘텐츠 크리에이터가 되기를 갈망했다.

그리고 시간이 흘러, 나는 정말 나름 크리에이터로서 퍼스널 브랜딩을 해내는 중이다. 그리고 이것이 이른바 '글로소득'이 되어 아주 적은 금액이지만 글로 돈을 벌어들일 때도 있다. 재테크 관련 기사 몇 꼭지를 쓰고 소정의 원고료를 받은 적도 있다. 한편으로는 글 쓰는 것 자체를 워낙 즐기고 이쪽 분야의 꿈을 키우다보니, 지방의 수필 에세이 공모에 당선되어 상금을 받은 적도 있다.

아주 적은 금액이지만 나로서는 이런 소액 매출이 발생하는 시간이야말로 인생에서 얻을 수 있는 최고의 가치 투자이자 결과라고 할 수 있다. 그리고 선인세 명목으로 계약금을 받고 감사한 마음으로 일과 육아를 병행하며 시간을 쪼개 진심을 담아 이 글을 쓰려고 고군분투하고 있다.

부의 생산자도 한 걸음부터

이 모든 소액 매출이 큰 부자들이 보기에는 일개미 수준도 못 되는 병아리 재테크일 수 있으나 나로서는 무엇과도 비교하지 못할 만큼 감사한 소득이다. 왜냐하면 정말 사랑하고 좋아하는 분야를 찾았으며, 이제 막 그 분야에서 조금씩 시간과 경험을 정성스럽게 쌓아 입지를 굳혀가는 과정을 '생산'해보고 있기 때문이다.

떡공방을 차려 정기적으로 또는 하루 특강을 병행하는 그녀도 시작은 소액 매출이었지만 그것에 시간과 정성이 붙어 꾸준함이 더해지니 결국 부의 추월차선으로 들어서게 된 건 아닐까.

최고 투자처는 바로 '나 자신'이 될 수 있다. 그리하여 나는 오늘도 나에게 투자하기를 주저하지 않는다. 시간을, 정성을 그리고 꾸준함이라는 실행력을 투자해서 한 걸음 더 앞으로 나아가려 애써볼 것이다. 공유주택의 커뮤니티 총괄 매니저이자 소유주라는 또 다른 커다란 꿈을 간직한 나의 다음 행보를 위해 오늘도 관련 분야를 공부한다. 또 여전히 오늘 주어진 글을 쓰면서 일과 육아를 병행하고 스스로 핑계 대기 전에 한 걸음 더 움직여 본다.

언젠가 그녀에게도 자신 있게 말을 건네고 싶다. "언니, 나도 오늘 언니처럼 공간을 마련했어요"라고. '헤븐'이라는 이름으로 꾸민 멋진 공간으로 당신을 초대하는 날을 오늘도 꿈꾼다.

나만의 연금 포트폴리오로 노후 준비 세팅하기

나는 사회 초년생일 때 나름의 자산 포트폴리오를 일궈냈다. 목적은 노후를 위해, 즉 예순 살에 경제적 자유를 달성하기 위해서였다.

▌불안함을 이길 수 있는 연금 활용하기

연금이 필요하다는 사실은 누구나 알고 있을 것이다. 그 이유는 간단하다. 미래에 불현듯 주수입이나 소득이 끊기는, 아직 보이지 않는 노후의 경제적 불안함에 미리 대처하려고 시중에 깔린 노후 목적 연금 상품에 가입하는 것일 테다.

물론 이 필요성을 알지만 지금 당장 급한 일이 아니기에 우선순위에서 밀려날 수 있다. 사람들은 의외로 자신의 노후를 긍정하곤 한다. 노후를 대비하기 위해 준비하기보다는 당장 조금 더 좋은 집에서 살고 싶고, 좋은 차를 타고 싶고, 이번 휴가를 좀더 좋은 곳으로 가는 게 중요하다고 생각하진 않는가.

현재의 만족도를 높이는 데 집중해서 소비하는 것도 물론 중요하다. 따지고 보면 돈을 버는 원론적 목적은 사랑하는 이들과 행복하게 좋은 추억을 만들며 살기 위함이고 그로써 현재를 산다고 하는 흔히 '현존'한다는 것, 즉 현재를 즐기며 최선을 다해 좋은 기억을 만들면서 사는 것이 어쩌면 일생 최대 목적이 아니겠는가.

100세 시대를 위한 나만의 노후 준비

우리가 오늘만 살고 죽는 것은 물론 아니다. 더군다나 수명 연장의 시대에 평균 생애주기가 조금씩 길어지는 추세다. 노령화는 어제오늘 일이 아니며 이미 백세시대에 접어들었다. 만약 돈 없이 100세까지 살아야 한다면 어떨까? 지금도 경제적으로 불안한데 하물며 100세까지 살아내야 한다면, 더 큰 괴로움이 몰려오지 않을까?

그래서 우리는 준비를 해야 한다. 여유가 있을 때일수록 더욱 말이다. 현재만의 즐거움과 타성에 젖어 계속 즐기고 살아도 괜찮을 정도의 자산을 이미 보유했거나 현재 큰 상속을 받을 계획이 되어 있지 않은 평범한 사람이라면 더욱 그렇다.

우리는 나름의 노후 대책을 각자 고심해서 세워야 한다. 되도록 이른 시기에 준비하는 것이 필요하다고 하는 이유는 바로 시간, 즉 복리의 마법 때문이다.

주변에 연금을 받는 어른들이 있다. 물론 국민연금이든 개인 연금이든 그것을 환급해 받는 노인층을 젊은 층이 먹여 살린다는 비판 어린 시선이 있는 것도 사실이다.

그러나 맥락과 이유야 어찌되었든 손자들에게 용돈을 주면서도 노후 자금이 튼튼하게 마련된 어른들의 행보를 가만히 살펴보면, 그들은 젊은 시절에 덜 즐기고 더 고생하고 덜 쓰고 덜 먹은 돈을 강제로라도 저축했기 때문에 지금에 와서 연금을 받는 것이다. 내 손에 월급이 들어오기도 전에 일부분으로 어떻게 해서든 종잣돈을 마련해 자산을 불려나가고 그 일정 부분은 자식이 아닌 나, 그리고 부부의 노년을 위해 건드리지 않았다는 의미일 테다.

숫자의 가치는 변한다

화폐 안에 깃든 숫자의 가치는 시간이 흐름에 따라 변한다. 우리는 이를 똑똑히 명심해야 한다. 10년 전에 사먹은 단팥빵의 가격이 10년 후 단팥빵의 가치와 같지 않다는 말이다.

10년 전에 500원 주고도 거뜬히 먹을 수 있었던 그것은 10년이 지난 지금 2천 원이 되어야 먹을 수 있는 것으로 바뀌었다. 반대로 10년 전에 5천만 원도 되지 않았던 아파트의 가격은 어느새 시간이 흘러 몇십억 이상의 시세차익을 보게 될 수도 있다는 말이다.

이처럼 시장과 시간의 흐름에 따라 돈의 가치는 달라진다. 어떤가? 조금은 바라보는 관점이 바뀌지 않는가?

나는 사회 초년생 시절에 60세 이상의 나 자신을 미리 상상해보았다. 어림짐작이었지만 조직에 소속된 사람은 되지 못할 것이라는 것만큼은 뚜렷하게 깨달았다.

낡은 재테크일 수 있지만 나는 초년생이 되자마자 10년짜리 연금저축에 소득의 일정 부분을 저축하고 그 기간이 지나서 노후의 일정한 나이에 시장 변동 금리에 따라 일정 수준 이상 자본을 회수할 수 있는 형식의 노후형 연금저축 상품에 가입하기를 주저하지 않았다. 물론 이 보험 상품의 특징과 환급 시기, 환급액을 꾸준히 가계부로 관리했는데, 무엇보다 내가 가장 잘 알았기에 가능한 것이었다.

나는 사회 초년생 때부터 나름의 자산 포트폴리오를 스스로 일궈냈다. 목적은 노후 대책을 위해 60세 때 경제적 자유를 달성하기 위한 삶의 행보를 시작하는 것이었다. 그래서 거꾸로 가계부를 쓰기 시작했다. 60세 기준으로 아이 있는 기혼 자녀를 둔 나를 상상해본 것이다. 아이를 30세 정도에 낳아 기르는 과정을 역산해 나름 생애주기별로 나만의 자산 로드맵을 세워보았다.

이 로드맵이 별건 아니다. 나만의 자산 목표액과 예상할 수 있는 인생의 커다란 이벤트, 그리고 그에 맞춰 필요한 경비를 기록해본 것이다. 이렇게 조금씩 기록이 진화하고 계획에 맞춘 실행 플랜을 생각하다보니 자연스럽게 나만의 연금 포트폴리오로 노후 준비를 세팅해나가는 과정까지 셀프 자산 설계를 할 수 있었다.

생애주기별 은퇴 그림 그리기

다음은 내가 사회 초년생 때인 15년 전 가계부에 직접 기록한 내용이다. 정말 신기한 건 내가 이 기록물의 일정 수준 이상으로 성취해나가고 있다는 사실이다. 쓰면서 이뤄낸 기적이라고 해야 할까?

- 25세 사회 초년생, 1억 원까지 무조건 종잣돈과 투자금 만들기
- 35세 아마도 결혼해서 아이가 둘 정도, 현업 이외 작가로 책 몇 권을 출판해서 인세 받기, 창업 자금 마련, 투자 공부를 병행해서 10억 원 이상 자산 만들기(현물, 부동산 포함)
- 45세 은퇴 시기, 일을 해서 경제활동을 지속 병행하면 좋을 나만의 '일' 만들기, 투자 활동을 병행해서 20억 이상 자산 만들기(나만의 공간이 브랜딩되어 있는 가게, 3층짜리 건물)

- 55세　배우자 은퇴 시기 고려, 조직에 소속되지 않고도 수입이 들어오는 현금흐름 파이프라인 확고하게 해두기(사업, 건물주), 자식 농사 집중, 진짜 남는 인맥 돈독히 쌓기
- 65세　경제적 자유 성공, 이제는 사업 범주 안에서 나름의 경제교육을 전파하는 활동 병행, 선한 부자 완성
- 75세 이후　잘 죽기, 그렇게 죽기 전에 덜 후회하기

사실 명확한 기준은 없다. 삶에서 행복을 느끼는 만족도와 노년 그리고 죽음에 대한 가치관은 가정마다 개인마다 천차만별에 각양각색이기 때문이다.

나는 되도록 덜 후회하고, 경제적으로 불안하지 않은 삶을 살다가 죽고 싶은 마음이 강하다. 그랬기에 젊은 시절의 고생도 사서 하는 편인 게 당연했고, 그 고생의 일환으로 여전히 '꿈'을 강조하는 것은 꿈이 있는 이상 사람은 나이가 들 뿐 마음과 행동의 추진력에는 뜨거움을 오래 간직하고 살아낼 수 있다고 믿기 때문이다.

최고의 연금 포트폴리오 자산 중 하나는 여전히 '꿈'이 아닐까 싶다. 되도록 이루고 싶은 열망 어린 꿈, 그리고 그 꿈에 현실에서 실천할 수 있는 꾸준한 실행력까지 붙는다면, 덜 불안한 삶으로 노후를 보낼 수 있지 않을까.

그리하여 나는 오늘도 내가 원하는, 좋아하는, 사랑하는 과업들을 여전히 찾고(이미 반은 찾았으며), 계속 스스로를 실험해내는 것에 아낌없는 응원을 나 자신에게만은 열렬히 해보고 있다. 결국 하나뿐인 내 삶에서 내가 믿고 응원하고 사랑해줘야 할 소중한 인생의 주인공은 바로 '나'이기 때문이다.

다시,
정성을 다할 당신에게

돈은 잔인할 정도로 솔직하다. 쓰면 없어진다. 반대로 안 쓰면 남아 있다. 더군다나 잘 쓰고 잘 남겨서 굴리고 불리면 돈은 더 크게 나를 따라온다. 이것이 돈의 기본 속성이다.

벌어들이고 모으는 것은 중요하다. 그러나 그만큼 잘 쓴다는 것, 나만의 소비 패턴과 그 안에 담긴 가치와 의미를 가지는 것도 모으는 것만큼 중요하다.

돈을 잘 관리하는 것도 매우 중요하다. '관리'야말로 우리가 가장 쉽게, 지금 당장 주도적으로 컨트롤할 수 있다. 뜨거운 마음, 뚜렷한 방향이 내 안에서 만들어졌다면 가장 쉽고 또 빠르게 움직일 수 있는 영역이다.

돈은 흐른다. 없다가도 생기는 게 돈이다. 그리고 돈은 사실 계속 흘러야 한다. 고여 있기보다는 흘러야 비로소 경제도 돌아가니까. 그러니 되도록 잘 흘러야 한다. 따지고 보면 이런 흐름에서만큼은 돈과 삶은 정말 많이 닮았다. 돈과 삶은 누구나 지키고 싶은 가장 소중한 것이 아닐까?

눈에 보이지 않는 삶이라는 시간도, 수중에 몇 푼 쥐어 있지 않은 돈이라는 것도, 지금 보이지 않을 뿐더러 잘 흐르지 않는다고 해서 지레 포기하고 말기에는 무척 소중한 것들이다. 포기하기엔 너무 이르다. 그리고 가능성을 열어두어야 한다. 시도도 하지 않은 채 가만있기에는 미안하고 아쉬움뿐일 테니까.

나는 내 삶과 부를 지켜내고 싶었고 잘 흐르게 하고 싶었다. 그 둘을 대하는 것만큼은 되도록 정성스럽게 하기를 바랐다. 그래서 되도록 열심히 공을 들였다. 애를 조금 쓰더라도.

시간은 흐르고 지나간 시간은 결코 되돌릴 수 없기에 유한한 시간을 내 편으로 만들려고 꽤나 안간힘을 썼다. 그런 면에서는 애써도 괜찮다고 생각했다.

대번에 10억 원을 모으는 기술을 알고 싶어 이 책을 펼쳤다면, 어쩌면 허무할지도 모르겠다. 비법이 지극히 평범하니 말이다. 하지만 애초에 빨리 이뤄내는 건 이 세상 어디에도 없다. 혹시라도 그런 비법을 알려준다고 하면 부디 재고해 필터로 한 번 거르

길 감히 바란다. 반대로 책 안에 숨은 듯 담긴 진실과 진심의 메시지 하나하나를 수용하고 받아들인다면 정말 감사하겠다.

당신이 책을 덮고 나서 직접 무엇이라도 하려고 움직이기를 바란다. 그렇게 다시 당신의 삶에 그리고 당신의 돈에 정성을 다하고 싶어지길. 그제야 돈의 마법이, 부의 감각이 당신에게 다가갈 테니까.

좋아하는 시가 한 편 있다. 김춘수 시인의 〈꽃〉이다. 아마 한번쯤 들어보았을 법하다.

내가 그의 이름을 불러주기 전에는,
그는 다만 하나의 몸짓에 지나지 않았다.
내가 그의 이름을 불러주었을 때,
그는 나에게로 와서 꽃이 되었다.
내가 그의 이름을 불러준 것처럼
나의 이 빛깔과 향기에 알맞은 누가 나의 이름을 불러다오.
그에게로 가서 나도 그의 꽃이 되고 싶다.
우리들은 모두 무엇이 되고 싶다.
너는 나에게 나는 너에게 잊혀지지 않는
하나의 눈짓이 되고 싶다.
하나의 의미가 되고 싶다.

삶도, 그 안에서 움직이는 돈도 결국 이렇게 꽃 같은 존재는 아닐까. 아끼고 보듬고 정성껏 시간을 공들여야 피어난다. 또한 나만의 의미가 담기면 비로소 '진짜'로 살 수 있다. 그렇게 생화는 생생하게 피어나지만 시간이 흐르면 시든다. 그리고 마지막에 이른다.

시작부터 마지막까지 흐름은 '나'라는 사람이 결정할 수 있다. 내 시간이, 내 태도가, 내 힘이, 내 에너지가 어떤 방향으로 집중해서 흐르느냐에 따라 여러 길이 나뉘는 것 같다. 삶의 길도, 부의 길도 마찬가지인 것 같다.

돈을 이해하고 공부하며 굳이 돈이 아니더라도 지금과 다른 삶의 변화를 조금이라도 꿈꾸는 당신에게는 부의 길이 아직은 생소하게 느껴져도 괜찮다. 그러나 그 길을 걸어보고자 하는 마음이 진정 싹텄다면 부디 정성을 다하기를 진심으로 바란다. 익숙하지 않은 것들이 주는 두려움은 온몸의 감각을 깨울 수밖에 없고, 그렇게 진실한 자각을 해야 움직이고 이뤄내고 이겨낼 것이기에.

내 다이어리와 가계부 맨 앞장에는 '홀스트 선언문'이 담겨 있다. 당신과 이 말을 함께 나누며 이 책을 마무리하고 싶다.

This is your Life 이것은 당신의 삶이다.

Do what you Love and Do it. OFTEN. 사랑하는 것을 하자. 자주.

Life is Short. 인생은 짧다.

다시 정성을 다할 당신에게,

풍요로운 행운이 늘 댁내, 당신 주위에 가득하기를.

그리하여 이번 생이 감사함으로 가득하길.

고맙습니다.

■ **독자 여러분의 소중한 원고를 기다립니다** ─────────────────

메이트북스는 독자 여러분의 소중한 원고를 기다리고 있습니다. 집필을 끝냈거나 집필중인 원고가 있으신 분은 khg0109@hanmail.net으로 원고의 간단한 기획의도와 개요, 연락처 등과 함께 보내주시면 최대한 빨리 검토한 후에 연락드리겠습니다. 머뭇거리지 마시고 언제라도 메이트북스의 문을 두드리시면 반갑게 맞이하겠습니다.

■ **메이트북스 SNS는 보물창고입니다** ─────────────────

메이트북스 홈페이지 www.matebooks.co.kr

책에 대한 칼럼 및 신간정보, 베스트셀러 및 스테디셀러 정보뿐만 아니라 저자의 인터뷰 및 책 소개 동영상을 보실 수 있습니다.

메이트북스 유튜브 bit.ly/2qXrcUb

활발하게 업로드되는 저자의 인터뷰, 책 소개 동영상을 통해 책에서는 접할 수 없었던 입체적인 정보들을 경험하실 수 있습니다.

메이트북스 블로그 blog.naver.com/1n1media

1분 전문가 칼럼, 화제의 책, 화제의 동영상 등 독자 여러분을 위해 다양한 콘텐츠를 매일 올리고 있습니다.

메이트북스 네이버 포스트 post.naver.com/1n1media

도서 내용을 재구성해 만든 블로그형, 카드뉴스형 포스트를 통해 유익하고 통찰력 있는 정보들을 경험하실 수 있습니다.

STEP 1. 네이버 검색창 옆의 카메라 모양 아이콘을 누르세요. STEP 2. 스마트렌즈를 통해 각 QR코드를 스캔하시면 됩니다.
STEP 3. 팝업창을 누르시면 메이트북스의 SNS가 나옵니다.